AF137542

Jutta Reichelt, ⋆ 1967, lebt als Schriftstellerin und Geschichtenanstifterin in Bremen. Ihre Texte wurden mehrfach ausgezeichnet, bereits 2001 erhielt sie den Würth-Preis, zu dem Herta Müller die Laudatio hielt. 2015 erschien der Roman *Wiederholte Verdächtigungen*, 2020 der literarische Porträtband *Blaumeier oder der Möglichkeitssinn*. Jutta Reichelt leitet und entwickelt Schreibworkshops und -projekte und bloggt *Über das Schreiben von Geschichten*. Für die Arbeit am vorliegenden Text erhielt sie 2020 das Literatur-Projektstipendium des Bremer Senators für Kultur.

JUTTA REICHELT

MEIN LEBEN WAR NICHT, WIE ES WAR

Ein autobiografischer Essay über das
Erzählen, Traumata und die Überwindung
der Sprachlosigkeit

KRÖNER

Jutta Reichelt
Mein Leben war nicht, wie es war
Ein autobiografischer Essay über das Erzählen,
Traumata und die Überwindung der Sprachlosigkeit

1. Auflage
Stuttgart, Kröner 2024
ISBN: 978-3-520-91301-2

Die Autorin dankt dem Bremer Senator für Kultur
für die Unterstützung ihrer schriftstellerischen Arbeit,
insbesondere für das Autorenstipendium 2020 und den Aufenthalt
im Gästehaus der Bremer Landesvertretung in Berlin.

Umschlaggestaltung: Denis Krnjaić
Unter Verwendung eines Fotos der Caligari Halle, Babelsberg,
von Panther Media GmbH/Alamy Stock Foto

Das Werk einschließlich aller seiner Teile ist urheberrechtlich geschützt.
Jede Verwendung, die nicht ausdrücklich vom Urheberrechtsgesetz zugelassen ist, bedarf
der vorherigen Zustimmung des Verlages. Das gilt insbesondere für Vervielfältigungen,
Bearbeitungen, Übersetzungen, Mikroverfilmungen und die Einspeicherung und Verarbeitung
in elektronischen Systemen.

Druckprodukt mit finanziellem
Klimabeitrag
ClimatePartner.com/12514-2407-1006

© Jutta Reichelt 2024 und © 2024 Alfred Kröner Verlag Stuttgart · Alle Rechte vorbehalten
Printed in Germany · Gesamtherstellung: Friedrich Pustet Regensburg

Dieser Text gehört Ulrike Krettmann

INHALT

ÜBER DIE EXPEDITION, DIE DIESER TEXT UNTERNIMMT

Ich habe mich über nahezu alles Wichtige in meinem Leben geirrt. Ich habe mich auch über die Sprachlosigkeit geirrt, in der ich mich fast mein ganzes Leben lang befunden habe. Zunächst habe ich sie kaum einmal bemerkt. Und wenn ich sie bemerkte, dann war ich überzeugt, dass ich selbst daran schuld war. Weil es so vieles gab, für das ich mich schämte. Wenn die Scham nicht wäre, habe ich gedacht, dann könnte ich auch von mir erzählen. Von dem, was mich ausmacht. Und als ich dann der Scham allmählich Paroli bieten konnte (nicht zuletzt dank einer langen Therapie, für die ich mich ebenfalls lange geschämt habe) und es mit dem Erzählen noch immer nicht klappte, da war ich mir sicher: Wenn ich mich nur besser erinnern könnte, wenn ich mehr wüsste, dann würden sich meine ›Erzählprobleme‹ auflösen. Aber so war es nicht. Auch als ich endlich genug über das wusste, was mir widerfahren war, verknoteten sich meine Gedanken, sobald ich an mich und meine Vergangenheit nur dachte. Jeder erste Satz brachte mich in Erklärungsnot. Und mit jedem weiteren Satz wurde es nicht klarer, sondern komplizierter. Immer weniger stimmte, je mehr ich erzählte. Und was vielleicht noch seltsamer war: Ich verstand nicht, wie das sein konnte. Was machte das Erzählen noch immer so kompliziert? Ich wusste es nicht. Ich wusste nur, dass es mir nicht möglich war.

Ich suchte nach Literatur – so wie ich immer nach Literatur suche, wenn mich etwas beschäftigt, wenn ich von einer Frage umgetrieben werde. Ich suchte nach Literatur und war verblüfft, wo ich sie fand: Ich besaß sie längst. Ich fand unzählige Texte, die sich mit Fragen autobiografischen Erzählens beschäftigten, mit Problemen der Erinnerung. Mit der Unmöglichkeit des Erzählens als Traumafolge. Texte über Spaltung. Über Schreiben und Scham. Ich hatte das alles in den vergangenen Jahrzehnten gelesen oder überflogen oder zumindest gesammelt, »einfach so, weil es mich interessierte«, oft ohne dass ich einen Bezug zu mir, zu meinem eigenen Leben gesehen hätte oder auch nur ein verbindendes Thema. Und nun entdeckte ich, dass all die Kopien und Bücher, die sich in meinen Regalen stapelten, einen bislang übersehenen Zusammenhang besaßen: die Bedeutung, die das Erzählen für unser Leben besitzt, und in welche Schwierigkeiten wir geraten können, wenn es uns nicht möglich ist.

Ich fand nicht nur ›fremde‹ Texte. Ich staunte auch, wie oft ich schon versucht hatte, über mich zu schreiben. Versucht hatte, mir selbst oder anderen etwas zu erklären. Es ging in diesen Texten doch um mich? Oder nicht? Manchmal konnte ich mich weder an den Text erinnern noch daran, von wem da überhaupt die Rede war:

> Ich soll es aufschreiben. Angeblich spielt es keine Rolle, wo ich beginne – ich könne auch mit der Beschreibung des Zimmers anfangen, in dem ich mich gerade aufhalte. Wenn es keine Rolle spielt, kann ich auch so anfangen: Ich soll es aufschreiben. Es. Was mit ›es‹ gemeint ist, weiß ich und weiß ich nicht. Würde ich nachfragen, wäre es ein weiterer Beleg dafür, dass ich zu viel nachdenke. Oder über die falschen Dinge. Es. Schreiben Sie es auf.

Erst nach mehrmaliger Lektüre dieser handschriftlichen Notiz erinnerte ich mich, dass hier nicht von mir die Rede ist, sondern von Thomas Hellweg, dem Protagonisten meines ersten Romans *Nebenfolgen,* den ich nach der Fertigstellung des Romans noch eine Zeitlang nicht losgeworden war, weshalb ich ihn kurzerhand in einer psychosomatischen Klinik untergebracht hatte, wo er von der zuständigen Psychotherapeutin aufgefordert wurde: »Schreiben Sie es auf!«

Texte, Notizen, Literaturangaben. Ich war beeindruckt von der Fülle des Materials, das ich angehäuft hatte, und von dem ›geheimen Plan‹, den ich offenbar verfolgt hatte, ohne ihn zu durchschauen: Schließlich war ich – für mich selbst kaum weniger überraschend als für mein soziales Umfeld, und noch dazu reichlich spät – Schriftstellerin geworden. Ich bloggte *Über das Schreiben von Geschichten* und hatte einen *Geschichten-Generator* erfunden. Wie oft schon hatte ich andere Menschen ermutigt, ihr Leben aufzuschreiben, in Workshops, die den Titel trugen: *Meine Geschichte schreibe ich selbst*? Wie oft hatte ich andere in dem Recht bestärkt, ihre Version der Geschichte zu erzählen? Sich selbst und anderen. So sehr mich die Hartnäckigkeit meiner Sprachlosigkeit überraschte, so sehr überraschte es mich nun, was ich alles schon unternommen hatte, um sie zu überwinden. War das alles eine Vorbereitung gewesen, um wiederzugewinnen, was mir im Laufe meines Lebens abhandengekommen war – meine eigene Geschichte?

Ich war mit meinen ersten autobiografischen Versuchen beschäftigt, da traf ich M., eine befreundete Buchhändlerin. Wir hatten uns einige Monate nicht gesehen. Sie fragte mich nach den *Kollaborateuren,* einem Romanprojekt, an dem ich zuletzt gearbeitet hatte. Ich druckste herum und freute mich, als das Essen kam. Vielleicht würde M. ihre Frage darüber vergessen. Sie sah mich auffordernd an, kaum dass der Kellner den Tisch verlassen hatte.

»Mir ist was dazwischengekommen«, sagte ich.

»Ach nein.« M. schüttelte den Kopf.

»Diesmal ist es etwas anderes.«

»Ach ja?« Es war ein fester Bestandteil unserer Treffen, dass M. mir vorwarf, ich sei zu viel mit Schulprojekten, mit Schreibwerkstätten, mit dem Schreiben anderer beschäftigt. Normalerweise freute ich mich darüber.

»Ich muss meine Geschichte aufschreiben«, sagte ich. »Oder richtiger: warum ich nicht über eine Lebensgeschichte verfüge. Nicht so wie andere.«

Ich stocherte in meinem Essen herum, dann schaute ich hoch. Und sah verblüfft, dass M. Tränen in den Augen hatte.

»Kannst du das nochmal sagen?«, fragte sie.

»Was?«

»Diesen Satz, den du gerade gesagt hast. Mit der Geschichte.«

»Dass ich nicht über eine Lebensgeschichte verfüge?«

M. nickte. Dann kramte sie in ihrer Jacke, anschließend in ihrer Tasche und notierte sich die Formulierung schließlich auf der Serviette, die vor ihr lag. Sie musste lachen, als sie bemerkte, dass sie die Serviette nun nicht mehr benutzen konnte, um ihre Tränen abzuwischen. Ich reichte ihr meine.

»Du musst dieses Buch schreiben«, sagte sie.

Ich fand auch, dass ich dieses Buch schreiben musste, und angesichts meiner umfangreichen Vorarbeiten war ich auch zuversichtlich, dass es ›irgendwie‹ gehen würde: Wenn ich meine mittlerweile erworbene Kreativität und Schreiberfahrung nutzen würde, wenn ich all die neuen Informationen, Erkenntnisse und Erinnerungen, die ich in den Jahren zuvor gesammelt hatte, richtig anordnen und sortieren würde, würde ich dem widerspenstigen Stoff, dem chaotischen Material meines Lebens, eine überzeugende Form geben können, dann würde sich, wie bei einem Puzzle, eins ins andere fügen.

Aber es fügte sich nicht. Es gelang mir nicht, die Tatsachen meines Lebens in einer halbwegs verständlichen, halbwegs glaubwürdigen Geschichte unterzubringen. Es gelang mir nicht, die Fragen zu beantworten, die mich so umtrieben: Wie hatte ich mich so irren können? Wie hatte ich ›übersehen‹ können, dass es in meiner Familie sexuelle Übergriffe und emotionale Vernachlässigung gegeben hatte? Wie hatte ich dennoch fast mein ganzes Leben lang überzeugt sein können, das halbwegs normale Kind einer halbwegs normalen Familie zu sein? Und meine Eltern! Wieso hatten sie sich wie Monster verhalten? Monster, die sie nicht gewesen waren – ich kannte sie doch, ich hatte 20 Jahre mit ihnen gelebt! Sie waren keine guten Eltern gewesen, aber die Menschen, von denen ich durch die Erzählungen meiner Geschwister erfahren hatte, mit ihrer sadistischen Bosheit und Gefühlskälte, ihrem Zynismus und ihrer Gemeinheit – das konnten unmöglich meine Eltern sein. Und gleichzeitig wusste ich, dass sie mit ihnen identisch waren. Irgendwie.

Zehn Jahre hatte es gedauert, bis ich die Aufforderung »Schreiben Sie es auf!« auch als an mich selbst gerichtet lesen konnte, fast zehn weitere Jahre hat es gedauert, um der Mensch zu werden, der den Text schreiben kann, den er schreiben muss (Jonathan Franzen: 154). Ich halte die Geschichte, die ich jetzt erzähle, nicht für ›die Wahrheit‹. Ich bin, auch wenn sich das vielleicht komisch anhört, noch nicht einmal mehr auf der Suche nach der Wahrheit. Mein Problem ist nicht die Wahrheit, mein Problem ist, dass die

Wahrheit unmöglich der Fall sein konnte. Dass sie keinen Sinn ergab. Was mir fehlte, war nicht die wahre Geschichte meines Lebens, sondern eine mögliche Geschichte. Eine halbwegs plausible, verständliche, glaubwürdige Geschichte, die das enthielt, was ohne jeden Zweifel feststand. Das ist es, worum es mir mit diesem Text geht: mit meiner Vergangenheit, mit meinem Leben wieder in den Kosmos möglicher Geschichten einzutreten.

Dieser Text enthält nun, was ich verstehen, was ich lernen musste, um ›meine Geschichte‹ oder ›Geschichten wie meine‹ verstehen zu können. ›Geschichten wie meine‹ sind dabei keineswegs nur solche, in denen sexualisierte Gewalt eine Rolle spielt, sondern alle Geschichten, in denen etwas ›verquer‹ (oft queer) ist, weil es den gesellschaftlich verbreiteten Vorstellungen von Glaubwürdigkeit oder Vorstellbarkeit widerspricht. »Wer erzählt, begibt sich in Gefahr. Wer schweigt, isoliert sich«, schreibt Boris Cyrulnik (2014: 143), von dem ich so viel gelernt habe, über die Sprachlosigkeit und die Scham, über das Erinnern und die besondere Bedeutung, die das Erzählen hat. Die größte Gefahr, in die ich mich mit diesem Text begebe, hängt zweifellos an den sexuellen Übergriffen meines Vaters. Wie Gespenster wanderten sie viele Jahre durch diesen Text. Lange Zeit tauchten sie erst relativ spät auf, so wie sie ja auch in meinem Leben erst relativ spät aufgetaucht waren. Also unübersehbar aufgetaucht waren. Ich wollte nicht die Autorin einer Geschichte sein, die niemand würde lesen wollen. *Nicht noch eine Missbrauchsgeschichte,* hatte ich ja lange genug selbst oft gedacht. Oder jedenfalls dann, wenn es vorkam, dass ich eine hörte. Also eigentlich fast nie. Aber wenn es vorkam, hatte ich fast mein ganzes Leben lang gedacht: *Nicht schon wieder.* Als würde ich ständig damit ›belästigt‹, so fühlte es sich an. Die, die davon redeten, sollten doch lieber ihren Mund halten. Oder es denen erzählen, die es hören wollten. Fast mein ganzes Leben lang hatte ich diese Geschichten nicht hören wollen – und jetzt sollte ich selbst so eine erzählen?

Und dann kam *MeToo* ... und ich hockte mal wieder in einer Sackgasse mit dem Text und begriff allmählich, wie sehr der Gedanke »Was könnte das für ein schöner Text werden, wenn nur dieser blöde Missbrauch nicht wäre«, Teil des Irrsinns war, von dem ich doch erzählen wollte. »Meine Geschichte schreibe ich selbst« bedeutet für mich mittlerweile, die sexuellen Übergriffe nicht mehr an den äußersten Rand zu drängen, mich aber zugleich gegen die verbreitete Erwartung zu wehren, sie wären das dominierende Thema meines Lebens – oder dieses Textes. Das sind sie nicht.

Es ist mir ein großes Anliegen, von den verstörenden Erfahrungen meines Lebens auf eine sachliche, ruhige Weise zu erzählen. Ich finde es vollkommen legitim, verstörende Texte zu schreiben, aber ich will es nicht, jedenfalls nicht mit diesem Text. Ich würde in diesem Text von den sexuellen Übergriffen meines Vaters auch dann nicht im Detail erzählen, wenn ich es könnte – aber ich kann es nicht, weil ich keine Details kenne. Warum ich trotzdem davon wissen kann, ist Teil der Geschichte, die ich erzähle.

Vom Unglück erzählen, ohne es zu verlängern – das ist es, worum es mir geht: Ich möchte dazu beitragen, dass das Erzählen von schwierigen, von verstörenden Erfahrungen möglich(er) wird. Ich habe nicht das Gefühl, ein besonderes Schicksal zu haben, im Gegenteil: Ich habe in vielfacher Hinsicht Glück gehabt. Immer wieder bin ich Menschen begegnet (ganz real oder durch ihre Texte), die mir entscheidend weitergeholfen haben – und nun hoffe ich, dass dieser Text womöglich anderen weiterhilft.

Als ich ihn zu schreiben begann, war *MeToo* noch kein Thema, und nun kann dieser Text hoffentlich einen Beitrag dazu leisten, verständlicher zu machen, was im gesellschaftlichen Diskurs oft noch unverstanden scheint: warum die Opfer so lange geschwiegen haben; wie es sein kann, dass sie noch nicht einmal selbst ihren Erinnerungen trauen; warum sie sich keine Hilfe holen; warum sie sich selbst so oft die Schuld geben … Von all dem handelt nun dieser Text. Auch davon. Und von vielen anderen Fragen, die sich angesichts eines jeden Lebens stellen: Was wissen wir eigentlich über unser Leben? Was wissen wir mit Gewissheit über die Zusammenhänge, über das Gewicht der einzelnen Ereignisse? Was wissen wir darüber, was uns zu denen gemacht hat, die wir heute sind?

Es war eine bestürzende Erkenntnis, nicht nur im Rahmen von *MeToo*, wie lange viele Frauen, wie lange überhaupt viele Menschen keine Chance sahen (und weiterhin sehen), ihre Lebensgeschichte (vollständig) zu erzählen und für das von ihnen erlebte Unrecht Gehör zu finden. In den Jahren, in denen ich diesen Text geschrieben habe, ist das Bewusstsein darüber gewachsen, wie wichtig es ist, auch denjenigen Stimmen Resonanz zu verschaffen, die lange überhört wurden, all jenen, die tatsächlich oder scheinbar ›anders‹ sind, die anders leben oder lieben oder aussehen, die sich anders bewegen oder denken oder reden oder deren zentrale Lebens-Erfahrungen nicht in die bereitstehenden Narrative passen. Eine Gruppe vollkommen unterschiedlicher Menschen wird dabei noch immer übersehen. Sie scheinen nicht zu existieren. Sie melden sich nicht zu Wort und reklamieren nicht ihr Recht, endlich auch gehört zu werden. Sie können es nicht. Sie können ihre Geschichte nicht erzählen. Noch nicht einmal sich selbst. Weil da nichts ist, außer einer großen Sprach- und Ratlosigkeit. All diesen Menschen ist dieser Text gewidmet.

DAS MURMELN DER PHANTOME

Ich bin mit der Überzeugung aufgewachsen, dass ich nicht nur das halbwegs normale Kind halbwegs normaler Eltern war, sondern dass ich es sogar gut hatte. Viel besser als viele andere. Besser nicht nur als die hungernden Kinder in Afrika (von deren Existenz ich durch die sonntäglichen Gottesdienstbesuche erfuhr), ich hatte es auch besser als die meisten Kinder, die ich kannte: Ich hatte gute Noten, war eine gute Sportlerin, ich war Klassensprecherin, später Schulsprecherin, ich hatte immer Freund:innen und war beliebt. Auch mit meiner Familie schien alles in Ordnung. Mein Vater war Referatsleiter einer Bundesbehörde und saß als Lektor im Gottesdienst der katholischen Kirchengemeinde während des Gottesdienstes neben dem Pfarrer, meine Mutter engagierte sich in der Elternvertretung, es gab mehrere ›Freundeskreise‹, denen meine Eltern angehörten, und meine Freunde kamen gerne zu mir nach Hause. Bis heute erzählen mir ehemalige Schulfreund:innen, wie wohl sie sich bei uns gefühlt hätten. Alles war gut. Oder, sagen wir, fast alles.

Das Einzige, was meine Erzählung von mir selbst als einer beneidenswerten Person mit einer enervierenden Hartnäckigkeit schon in meinen Kinder- und Jugendjahren attackierte, waren meine Selbstgespräche. Ich weiß nicht, wann ich damit angefangen habe, aber es kommt mir so vor, als wären die Selbstgespräche immer da gewesen. Ich erinnere mich jedenfalls, dass ich im Alter von sieben oder acht Jahren nach dem Mittagessen regelmäßig in das kleine, eiskalte

Gästeklo ging, um dort in Ruhe und unentdeckt laut vor mich hin reden zu können. Schon in diesem Alter war es mir peinlich und ich wollte auf keinen Fall von irgendjemandem dabei ertappt werden. Also suchte ich nach ›sicheren Orten‹, also redete ich nur leise, also versuchte ich, dieses blöde Geplapper zu unterdrücken, es bleiben zu lassen. Aber es gelang mir nicht nur nicht – es wurde immer schlimmer. Ich versuchte es als eine überaus lästige Angewohnheit zu betrachten, als eine Art Spleen, aber das änderte nichts daran, dass es mich die meiste Zeit ernsthaft beschämte. So sehr beschämte, dass ich bis vor wenigen Jahren allein deswegen schon ›mein Leben‹ nicht hätte erzählen können, weil ich nicht von den Selbstgesprächen erzählen konnte. Ich konnte es gleich doppelt nicht: einerseits, weil es mir ungeheuer peinlich war – und andererseits, weil ich den Eindruck hatte, dass es unmöglich war, anderen Menschen ein realistisches Bild von dem zu vermitteln, was ich tat, wenn ich mit mir redete. Was ja in den Zigtausenden Minuten, in denen ich mit mir redete, nicht immer das Gleiche war. Es war nicht immer redundant, es war nicht immer eine Belastung, manchmal war es schön, machte es mir Spaß, genoss ich es. Schon diese Unterschiedlichkeit konnte ich anderen in den seltenen Situationen, in denen ich es überhaupt versuchte, nicht vermitteln. Aber vor allem glaubte mir niemand, dass ich ein ernsthaftes Problem hatte, so vernünftig und klug, ausgeglichen und freundlich, wie ich doch war. Und ›Selbstgespräche‹ hörte sich ja auch wirklich nach einer eher harmlosen Marotte an. Sicherlich waren sie gut gemeint, die Versuche der Beschwichtigung und Beruhigung – aber sie verstärkten mein Gefühl der Isolation. Auch bei meinen endlosen Recherchen in den unvorstellbaren Zeiten, als es das Internet noch nicht gab, stieß ich immer wieder auf den Hinweis, wie verbreitet das Phänomen der Selbstgespräche war, wie wenig es eine/n beunruhigen sollte. Und obwohl ich mir ziemlich sicher war, dass es sich bei ›meinen‹ Selbstgesprächen in ihrer Zwanghaftigkeit, in der ›Sinnlosigkeit‹ der ständigen Wiederholungen, in die ich oft geriet, um etwas irgendwie anderes handelte als um die ›harmlosen‹ Selbstgespräche, die viele andere auch führten, las ich in den gedruckten wie in den ausgesprochenen Hinweisen immer auch den Vorwurf, dass ich übertrieb, dass ich mich in etwas hineinsteigerte, dass ich mich nur wichtigmachen wollte …

Dann machte ich Abitur. Ich arbeitete einige Wochen in einer Fabrik, unternahm eine Reise nach Griechenland und wollte anschließend für ein Jahr als Au-pair nach Paris. Aber dieser Aufenthalt, den die Tochter von Freunden meiner Eltern vermittelt hatte, zerschlug sich kurzfristig. Es war also keine offizielle Vermittlungsstelle beteiligt und es war viel zu spät, um eine Alternative zu finden, es war auch zu spät, um sich an der Uni einzuschreiben. Auf einmal hatte ich sehr viel Zeit. Solange ich zur Schule gegangen war, war ich ständig unterwegs gewesen. Ich war nicht nur Schülersprecherin und hatte vier-, fünfmal die Woche Volleyball-Training, ich ruderte und bereitete die Schulgottesdienste mit vor. Ich hatte alles Mögliche unternommen, um eins zu vermeiden: allein zu sein.

Auf einmal existierten diese Termine nicht mehr. Und die meisten meiner Freund:innen waren weg: beim Bund oder zum Studium oder eben als Au-pairs unterwegs. Ich fand einen Job, bei dem ich zwei- oder dreimal die Woche ein paar Stunden Schmuck sortierte. Und was tat ich in der übrigen Zeit? Ich plapperte vor mich hin. Es wurde immer schlimmer. Noch schlimmer wurde es, als meine Eltern für drei Wochen nach Italien verreisten und auch dem Geplapper zu

Hause überhaupt keine Grenzen mehr gesetzt waren, denn andere Menschen waren für mich ja immer auch das: ein willkommener Hinderungsgrund, laut vor mich hin zu reden. Vor allem abends konnte ich mich und mein ständiges Gerede nicht mehr ertragen. Vor dem Fernseher gelang es mir überhaupt nicht mehr, mich auf den Film, das Geschehen auf dem Bildschirm zu konzentrieren. Das Einzige, was half, das Einzige, was diesem nervtötenden Plappern zwar keinen Einhalt gebot, es mich aber besser ertragen ließ, war Alkohol. Ich hatte schon weit früher damit begonnen, mich zu betrinken, aber nun trank ich mich jeden Abend in den Schlaf.

Mein Drang, laut zu reden, war in dieser Zeit oft so groß, dass ich, einer Bauchrednerin ähnlich, mit möglichst unbeweglichem Mund redete, wenn ich draußen unterwegs war. Manchmal saß ich mit Freund:innen in einer Kneipe und hatte ein derartiges Bedürfnis, statt mit ihnen mit mir selbst ›zu reden‹, dass ich dafür aufs Klo ging. Als würde ich mir dort die ersehnte Dosis eines Suchtmittels verabreichen müssen. Das war auch deswegen absurd, weil ich ja im Grunde noch nicht einmal mit mir selbst, sondern immer mit nicht anwesenden Anderen redete. Offenbar ging ich aufs Klo, weil ich statt mit realen Anderen lieber mit erfundenen Anderen reden wollte – wie absurd war das? Wie beschämend? War ich verrückt geworden? Aber nein, natürlich war ich nicht verrückt. Ausgeschlossen. So normal, wie ich war, konnte ich nicht verrückt sein. Das war keine Hoffnung oder Spekulation, es war eine unumstößliche Gewissheit. Ich wusste, dass es so war. Und dann gab es wieder Momente, in denen ich mit der gleichen absoluten Gewissheit wusste, dass ich verrückt war. Dieses pausenlose Gerede! Und wenn ich nicht reden konnte, dann pfiff ich. Ich geriet in Panik bei der Vorstellung, in den Knast zu kommen, weil ich dort, allein in einer Zelle, hundertprozentig durchdrehen würde. Aber warum sollte ich in den Knast kommen? Egal, aber wenn, dann würde ich durchdrehen. Waren das nicht die Gedanken einer Verrückten?!

Dr. G. war zunächst nur vorübergehend und als Vertretungs-arzt in der naturheilkundlichen Praxis, die mir in diesem Herbst nach dem Abitur wegen meiner ständigen Rücken-schmerzen empfohlen worden war. In dieser Praxis wurde von einem älteren Arzt, den ich als medizinischen Haudegen vor mir sehe, geschröpft, gequaddelt und vor allem ›einge-renkt‹. Diese Praxis war kein Ort, an dem man die Gele-genheit zum therapeutischen Gespräch gesucht oder auch nur vermutet hätte. Dr. G. zeigte sich ratlos angesichts der Hartnäckigkeit meiner Schmerzen. Eines Tages legte er mei-ne Patientenkarte zur Seite und sah mich an: »Wie geht es Ihnen denn eigentlich?« Ohne dass ich danach gesucht hät-te, bot sich mir die Möglichkeit einer Psychotherapie, und ich ergriff sie. Irgendwie stolperte ich in diese Therapie hin-ein, wie ich schon in die sie auslösende Krise hineingestol-pert war.

Etwa drei Jahre lang ging ich also zwei-, manchmal drei-mal die Woche zu Dr. G. und tat, was man in einer Therapie so macht: Ich erzählte von meinen Eltern, meinen Geschwis-tern, von den Erlebnissen meiner Kindheit, und auch wenn mir nach einiger Zeit die Vorstellung von der ›glücklichen Kindheit‹, die ich zu Beginn der Therapie noch gehabt zu haben behauptet hatte, etwas übertrieben vorkam, fand ich noch immer nicht wirklich besonders, was mir zunehmend klarer vor Augen stand: eine mit vier Kindern vollkommen überforderte, emotional meist unbeteiligte, lieblose und ge-legentlich auch irgendwie gemeine Mutter und ein Vater, der sich ebenfalls die allermeiste Zeit um sich selbst drehte, um seine nicht realisierte »künstlerische Berufung«, der zu viel trank und nicht nur dann feuchte Küsse verteilte. Aber das war es nicht, was ich ihm zum Vorwurf machte. Wie meine Mutter auch, hatte sich mein Vater während meiner Kindheit nicht oder jedenfalls nur sehr ausnahmsweise für mich interessiert. Und auch wenn meine Mutter mich nie etwas gefragt hatte, wenn ich nie den Eindruck gehabt hatte, dass sie eine Vorstellung davon hatte, was mich umtrieb oder mir wichtig war, oder dass sie eine Wahrnehmung dafür hatte, ob es mir gut ging oder nicht, auch wenn meine Mutter sich mir nie freundlich zugewandt hatte (oder ich mich zumindest nicht daran erinnern konnte), wusste meine Mutter immerhin ein paar Dinge über mich, die mein Vater nicht wusste, zum Beispiel dass ich Volleyball spielte und nicht Basketball oder dass ich Schülersprecherin war – solche Sachen. Mein Vater wusste das alles nicht nur nicht, er kokettierte auch noch mit dieser Unwissenheit, erzählte immer mal wieder, als wäre es eine wirklich komische Geschichte, von den Fragen eines Kollegen oder Freundes, die mich betrafen und die er alle nicht beantworten konnte. Das war es, was ich ihm übelnahm.

Mir sind die Termine bei Dr. G., vor allem aus der Anfangszeit, als ein zähes Ringen in Erinnerung: Ich wollte Hilfe, wollte, dass ›es‹ aufhörte, Dr. G. wollte, dass ich die Selbstgespräche akzeptierte. Akzeptieren? Ausgeschlossen! Warum verstand er nicht die Unmöglichkeit meiner Situation? Warum half er mir nicht? Warum gelang es mir nicht, ihm ein realistisches Bild von der Angst, ja Panik zu vermitteln, die dieser ›Redezwang‹ oft in mir auslöste? Würde man einen Alkoholiker oder jemanden, der sich selbst verletzte, auffordern, sein schädliches, ja gefährliches Verhalten zu akzeptieren? Warum begriff Dr. G. nicht, wie verheerend, wie gefährlich diese Plapperei für mich war? Dass sie drohte, mich um den Verstand zu bringen? Ich erinnere mich sehr gut, wie unverstanden und einsam ich mich oft fühlte und wie ausgeschlossen. Mit mir stimmte etwas auf eine substantielle Weise nicht und es gab – so empfand ich es damals – offenbar niemanden, mit dem ich diese Erfahrungen und Gefühle auch nur ansatzweise teilen, dem ich sie mitteilen konnte.

Und dann wurde es irgendwann besser. Vermutlich halfen mir die neuen Erkenntnisse über die von mir bis dahin nicht realisierten Herausforderungen meiner Kindheit und ganz sicher die erstaunlicherweise nicht irritierbare Sympathie, die Dr. G. mir entgegenzubringen schien, dabei, eine freundlichere und damit auch etwas gelassenere Haltung mir selbst und dem Geplapper gegenüber zu entwickeln. Und tatsächlich behielt Dr. G. auch mit seiner Prognose Recht: Wenn es mir gelänge, den »Kampf« gegen die Selbstgespräche zu beenden, würde es mir schon (deutlich) besser gehen. Ich erinnere mich, dass ich schon während der Therapie eine Übung als Durchbruch empfand, die »der leere Stuhl« genannt wird. Auf dem »leeren Stuhl« sollte ich die Selbstgespräche platzieren, und ich sollte mit ihnen reden. Ich weiß nicht mehr, ob die Aufforderung spezifischer war, ich weiß aber, dass ich diese Vorstellung unendlich peinlich fand. Es war ein großer Kampf in mir. Ich konnte nicht mit diesem »leeren Stuhl« reden! Die Vorstellung, laut vor mich hinredend durch die Fußgängerzone zu laufen, wäre kaum beschämender gewesen. Andererseits hatte ich es bereits abgelehnt, »meine Mutter« dort zu platzieren, und ich hatte es auch abgelehnt, »vorzumachen«, was ich tat, wenn ich mit mir selbst redete, es war mir absolut unmöglich gewesen. Ich hatte daher das Gefühl, dass meine Glaubwürdigkeit und die Ernsthaftigkeit meiner Bereitschaft, alles nur irgend Mögliche zu unternehmen, um eine Verbesserung meiner Lage zu erreichen, auf dem Spiel standen. Ich bin mir nicht sicher, was ich schließlich sagte. So ungefähr, dass sie mich in Ruhe lassen sollten. Ich bilde mir ein, dass es nicht viel mehr war und ich das Unbehagen dabei nicht für einen Moment loswurde. Ob Dr. G. noch Unterlagen darüber hat? Ich weiß noch nicht einmal mehr, ob er sich während unserer Gespräche Notizen gemacht hat. Es kommt mir vage so vor. Aber ich erinnere mich sehr gut an das Gefühl, das ich auf einmal hatte. Zum ersten Mal. Zum ersten Mal hatte ich das Gefühl, dass dieses verdammte Geplapper zwar ein TEIL von mir ist, aber dass es nicht identisch ist mit mir, dass ich mehr bin als nur meine Selbstgespräche. Vor allem hatte ich zum ersten Mal das Gefühl, dass ich ›der Chef‹ bin, dass ich das Sagen habe …

Das Sagen haben. Wie allgegenwärtig in meiner Vergangenheit die Worte und das Reden waren! Sie umgaben die Sprachlosigkeit, in der ich mich fast mein ganzes Leben lang befand, wie eine Hülle. So viele Worte, so viel Gerede und so wenig wirkliche Kommunikation, so wenig Inhalt, so wenig Erzählung von Wesentlichem. Wo Rauch ist, da ist auch Feuer, sagt man. Wo Worte sind, da ist auch eine Erzählung, könnte man denken. Aber so war es nicht. Wenn ich an die Selbstgespräche denke, die mich so lange begleitet, verfolgt und, wie ich irgendwann begriffen habe, auch beschützt haben, dann waren sie nicht nur kein Erzählen, sondern sie waren sogar gegen das Erzählen gerichtet, sie verhinderten es. Sie markierten den Riss, der durch mein Leben ging, und verbargen ihn zugleich.

Doch auch wenn dieses innere (und oft äußere) Geplapper nicht vollständig verstummte, wenn das »Murmeln der

Phantome« (Boris Cyrulnik 2014: 54) nicht versiegte, ließ es nach zwei, drei Jahren der Therapie endlich nach und dominierte mein Leben nicht mehr so, wie es zuvor der Fall gewesen war. Ich dachte, ich hätte es geschafft. Vielleicht hatte ich in der Therapie noch nicht alles Wichtige geklärt, aber noch wichtiger als die Therapie fortzusetzen, noch wichtiger als eine weitere Klärung zu betreiben, war es, auszuziehen und aus Bonn, der Stadt, in der ich aufgewachsen war, wegzugehen. So empfand ich es, und Dr. G. sah es nicht anders. Ich hatte keine schlüssige Diagnose, keine Erzählung, die mir erklärt hätte, was mit mir losgewesen war, aber das schien mir auch nicht so wichtig, denn ich war überzeugt, dass es mit mir und meinem Leben wieder aufwärts ging, dass ich die Talsohle durchschritten hatte. In den ersten Bremer Jahren, die sich an die Therapie anschlossen, schien mir die (scheinbar) überwundene Krise wie eine etwas rätselhafte Unterbrechung der Erfolgsgeschichte, als die ich mein Leben ja eigentlich sah. Sehen wollte. Unbedingt sehen wollte. Und jetzt würde sie wieder Fahrt aufnehmen, meine Erfolgsgeschichte. Das Studienfach hatte ich schon in Bonn gewechselt, von Jura zu Soziologie. Ich würde also weder Richterin noch Rechtsanwältin werden, aber vielleicht Kriminologin? Wissenschaftlerin? Oder vielleicht würde ich für einen großen Sozialverband arbeiten oder für eine Partei? Noch immer war ich mir ganz sicher, dass aus mir etwas werden würde. Noch immer dachten das, erwarteten das auch die Menschen, die mich kannten. Noch immer spielte ich keinen Moment lang mit dem Gedanken, Schriftstellerin zu werden.

Als ich aus Bonn wegging, galt meine einzige bewusste, ernsthafte Sorge den Selbstgesprächen. Allein in der fremden Stadt, würden sie vielleicht wieder extreme Ausmaße annehmen, wäre die mühsam erworbene Gelassenheit vielleicht erneut gefährdet? Eine glückliche Fügung erleichterte den Übergang: Freund:innen aus der Schulzeit beschlossen zufällig, ebenfalls nach Bremen zu ziehen, und so gründeten wir eine gemeinsame WG. Es folgten gute, zuversichtliche Jahre: Mein Konzentrationsvermögen reichte für die ersten, noch nicht sehr umfangreichen Hausarbeiten und Prüfungen aus, im kleinen soziologischen Studiengang galt ich als vielversprechende Studentin, die sich aussuchen konnte, in welchem Institut sie als studentische Hilfskraft arbeitete, und dann begegnete ich auch noch Ulrike und genoss es sehr, erstmals in einer Beziehung zu leben. Zu meinen Eltern, meiner Familie hatte ich Kontakt, ich fuhr auch gelegentlich nach Bonn, aber wir telefonierten nur sporadisch und ich hatte das gute Gefühl, auf eigenen Beinen zu stehen und ihnen nichts schuldig zu sein. Das hatte ich meinen Eltern auch mitgeteilt. Schon als ich mich ein Jahr zuvor dazu entschlossen hatte, das Studienfach zu wechseln, fand ich nicht, dass sie noch irgendeinen Anspruch auf eine Erklärung oder Begründung hätten. Meine Eltern, die sich während meiner gesamten Kindheit nicht um mich gekümmert, sich nicht für mich interessiert hatten, hatten kein Recht mehr, irgendetwas von mir zu fordern. So empfand ich es. Dass sie mich nicht geliebt hatten, nun ja, das machte ich ihnen nicht zum Vorwurf, die Vorstellung, dass Eltern ihre Kinder lieben müssten, kam mir übertrieben oder pathetisch oder utopisch vor … Aber ich war mittlerweile überzeugt, dass Eltern verpflichtet waren, ihren Kindern ein gewisses Mindestmaß an Interesse und Aufmerksamkeit entgegenzubringen – und noch nicht einmal das hatten meine Eltern getan. Weil sie ihre Pflichten nicht erfüllt hatten, musste ich meine nun auch nicht mehr erfüllen … Ich verhielt mich ihnen gegenüber distanziert. Freundlich distanziert meiner Mutter gegenüber und meinem Vater gegenüber so distanziert, wie es möglich war, ohne ihn offen zu brüskieren. Ich grüßte ihn – das war alles.

Es gab in diesen ersten Bremer Jahren, in denen es mir besser ging, als es mir je zuvor gegangen war, auch einiges, das nicht so gut war, aber das war mir damals nicht oder nur momentweise klar. In einer Beziehung zu leben, ermöglichte mir neue Erfahrungen von Nähe und Verbundenheit, aber zugleich kostete mich diese Nähe, für die ich kein inneres Regulativ besaß, enorm viel Energie. Das gute Gefühl, dass ich wesentliche Aspekte meines Lebens selbst gestalten und bestimmen konnte, mit dem ich die erste Therapie beendet hatte, kam mir immer mehr abhanden – ohne, dass mir diese Entwicklung bewusst gewesen wäre. Auf eine diffuse Weise spürte ich, dass vieles nicht gut war an meinem Leben: Mein Trinken nahm immer problematischere Ausmaße an und auch in der Beziehung gab es Herausforderungen, die mich niederdrückten, zunehmend fiel es mir schwer, Hausarbeiten zu verfassen – aber das alles sah ich nicht als Folge oder Teil ›psychischer Schwierigkeiten‹, für die es eine Erklärung und/oder eine Lösung geben könnte, sondern als eine Art Charakterschwäche. Schließlich hatte ich ja bereits eine Therapie gemacht, ich hatte Hilfe erhalten und es war mir gut gegangen. Wenn ich in meinem Leben nun die großen Hoffnungen und Erwartungen, die ich, aber auch andere in mich gesetzt hatten, zu verfehlen drohte (ein Kunstlehrer hatte mir in der Mittelstufe prophezeit, aus mir würde eine Terroristin oder Bundeskanzlerin werden – und hätte vor Ersterem vermutlich mehr Respekt gehabt), dann war das ganz allein meine Schuld, das sah ich sehr klar.

Wenn ich den Zeitraum angeben müsste, in dem mir mein Leben immer mehr entglitten ist, bei dem ich damit korrespondierend rückblickend tatsächlich das Gefühl habe, dass sich meine Lebensgeschichte aufgelöst hat oder mir jedenfalls immer mehr abhandengekommen ist, dann würde ich ohne jedes Zögern diesen Zeitraum von Ende 20 bis Ende 30 angeben. Es sind Jahre, in denen ich mich noch schlechter zurechtfinde als in den anderen Zeiten meines Lebens, in denen ich auf Anhieb noch nicht einmal eine grobe Orientierung entlang wichtiger Ereignisse habe, obwohl es nicht allzu viele davon gibt. Ich habe lange überlegen müssen, wie alt ich in diesen Jahren, die ich nur so vage vor mir sehe, überhaupt war. Wenn ich an diese Zeit denke, verschwimmt alles sofort oder liegt unter einem dichten Nebel. Manchmal kommt es mir sogar so vor, als wenn mehrere Jahre verschwunden sein müssten, als wenn es unmöglich gut zehn Jahre gewesen sein können, in denen ich so wenig ›gemacht‹ habe, in denen so wenig ›passiert‹ ist.

Die Selbstgespräche waren zweifellos meine wirkungsvollste Waffe im Kampf gegen das Gewahrwerden des Risses, aber sie waren bei Weitem nicht die einzige Verrenkung, die ich unternahm, um den Abgrund nicht zu sehen. Die absurdeste Verrenkung war eine ganz andere: Jahrelang habe ich in diesen späten zwanziger Jahren behauptet, dass ich mein Soziologie-Studium »bald« beenden würde, dass das Anfertigen (und später die Fertigstellung) der Diplomarbeit unmittelbar bevorstünde – und es war mir selbst vollkommen unklar, warum es mir nicht gelang, endlich dieses Studium zu beenden, das ich so hoffnungsvoll begonnen hatte. Je mehr Semester vergingen, desto unmöglicher, desto unrealistischer wurde es: Mir fehlten noch zahlreiche Scheine, für die ich zwar jeweils ›nur‹ die begonnene Hausarbeit hätte beenden müssen – aber die Veranstaltungen lagen zum Teil schon Jahre zurück, ich hätte mich überaus peinlichen Bittgängen bei diversen Professor:innen aussetzen müssen, und vor allem hätte ich diese ganzen Arbeiten tatsächlich schreiben müssen, was mir nicht gelang, ohne dass ich verstand, warum. Es war ein bisschen wie beim Fußball: Natürlich kann eine Mannschaft, die zur Pause mit drei Toren zurückliegt, diesen Rückstand theoretisch aufholen (wenn die andere Mannschaft drei Tore in einer Halbzeit schießen kann …), und sehr, sehr selten gelingt das auch (Werder Bremen – RSC Anderlecht 1993!). Ich klammerte mich lange an die Vorstellung, dass ein Studienabschluss auch für mich ›theoretisch‹ noch möglich war. Aber damit diese Möglichkeit Realität hätte werden können, hätte ich ein anderer Mensch sein müssen, hätte ich ein Mensch sein müssen, der niemals in die Lage geraten wäre, in der ich mich befand …

Meine Situation war ausweglos geworden. Eigentlich lag damals auf der Hand, dass es so nicht weitergehen konnte. Eigentlich wäre es an der Zeit gewesen, mir Hilfe zu holen oder mich trinkend ins Scheitern zu fügen … Aber was tat ich? Ich beschloss, Schriftstellerin zu werden! Ich fürchte, kaum jemand wird mir glauben können, wird sich vorstellen können, *wie* hanebüchen, *wie* absurd, *wie* tollkühn diese Absicht war. Ich hatte bis dahin nichts geschrieben, außer einigen wenigen Gedichten als Jugendliche. Seitdem hatte ich keinerlei Schreib-Impuls verspürt. Es gab keine vollgeschriebenen Tagebücher, es gab keine Fragmente oder verunglückten Versuche, es gab keine irgendwo eingeschickten und abgelehnten Romanmanuskripte oder Anfänge von nicht beendeten Kurzgeschichten. Da war wirklich nichts: Ich war fast dreißig, ich kannte niemanden, der professionell schrieb, und ich hatte keine Idee, was ich überhaupt schreiben sollte! Obwohl, doch eine, eine einzige, vage Idee für eine Geschichte hatte ich – und ich beschloss, es auszuprobieren.

Relativ schnell hatte ich eine Figur und auch etwas, von dem ich damals noch nicht wusste, dass man es einen Plot nennt. Ich hatte gelesen, dass es klüger wäre, mit dem Schreiben von Kurzgeschichten zu beginnen, aber ich wollte keine Kurzgeschichten schreiben, ich wollte einen Roman schreiben, und ich schrieb ihn. Ich schrieb die ganze Geschichte auf – es waren 18 Seiten! Ich verstand das nicht! Ich war mir sicher, dass zahlreiche der Romane, die ich gelesen hatte und die 300 Seiten dick waren, nicht über mehr ›Inhalt‹ verfügten, dass in ihnen nicht mehr passierte, aber mir war vollkommen unklar, womit andere Autor:innen die 282 Seiten füllten, die bei mir leer geblieben waren, und ich fand es auch nicht heraus, als ich mir diese anderen Romane daraufhin ansah.

Was ich auf meine 18 Seiten (immerhin einzeilig und ohne größeren Rand) geschrieben hatte, war die Geschichte von Thomas Hellweg, der verheiratet ist, zwei Kinder hat, als Angestellter in der städtischen Verwaltung arbeitet und scheinbar ein ganz normales Leben führt. Und dann, innerhalb von zwei, drei Monaten, gerät dieses Leben aus den Fugen, bricht er schließlich zusammen. Und was ist der Auslöser dieser Entwicklung? Zwei vermeintlich harmlose Ereignisse: die Versetzung in eine andere, in die Friedhofsabteilung und der Besuch seiner Mutter, die an dem Morgen, als er dort seinen ersten Arbeitstag haben wird, unangekündigt vor der Tür steht. Ist das möglich, dass ein Leben innerhalb so kurzer Zeit ohne Vorankündigung aus der Bahn gerät? Oder muss es dann immer schon eine übersehene, ignorierte Bruchstelle gegeben haben? Der Roman lässt die Frage offen.

Weil ich das Rätsel um die fehlenden 282 Seiten zunächst nicht lösen konnte, beschloss ich, es nun doch erstmal mit kürzeren Texten zu versuchen. Und müsste es nicht auch Anleitungen zum Schreiben geben? Handwerkszeug? Ich las sämtliche Schreibratgeber, die ich auftreiben konnte, ich las Poetikvorlesungen und versuchte, aus all dem schlau zu werden. Und mit der gleichen Geduld, mit der er mir als Kind beigebracht hatte, Farben zu unterscheiden, half mir nun vor allem mein Bruder dabei, Texte und ihre innere Logik, ihre Besonderheiten zu unterscheiden. Ich versuchte herauszufinden, welche Texte ich mochte und vor allem, warum. Ich wusste, noch bevor das eine Jahr vorbei war, das ich mir eingeräumt hatte, dass es das war, was ich wollte: Ich wollte eine sein, die schreibt. Oder werden. Denn noch schrieb ich ja sehr wenig, und ob ich jemals eine ›richtige‹ Schriftstellerin werden würde, schien mir fraglich angesichts der ungünstigen Begleitumstände (mein mangelndes Talent, mein fortgeschrittenes Alter, dass ich noch immer an Charakterschwäche/Disziplinlosigkeit/Konzentrationsschwierigkeiten litt).

Schriftstellerin werden zu wollen, war die eine große Verrenkung dieser Jahre, die andere war, dass ich gemeinsam mit meiner Freundin meine demente Patentante in unseren gemeinsamen Haushalt aufnahm und wir uns, unterstützt von weiteren Helfer:innen, acht Jahre lang um sie kümmerten, bis sie bei uns starb. Auch diese Entscheidung hatte sich überhaupt nicht angekündigt (wenige Wochen zuvor hatte ich die Frage eines Arztes, ob wir uns vorstellen könnten, die Tante »mit nach Bremen zu nehmen«, noch empört zurückgewiesen). Auch diese überraschende Entwicklung kam mir nicht wie eine Entscheidung vor, auch sie vollzog sich irgendwie in meinem Inneren und kam mir dann plötzlich alternativlos vor, auch sie schien nach allem, was man sagen konnte, höchst unvernünftig zu sein.

Vor seinen Problemen wegzurennen steht in keinem guten Ruf. Ich glaube mittlerweile, dass mir damals nichts anderes übrigblieb. Irgendwie ging es an der Stelle, an der ich mich befand, nicht weiter. Meine Versuche, ein halbwegs ›normales‹ Leben zu führen, waren zumindest im Bereich ›Arbeit‹ gescheitert, ohne dass ich eine Idee gehabt hätte, wie es weitergehen könnte. Die ganz normale Normalität (Studium, Diplom, Berufstätigkeit) ging mir verloren in diesen Jahren. Das Schreiben und das Leben mit meiner Tante ermöglichten mir eine Normalität mit Abstrichen. Keine ›Normalbiografie‹, aber doch noch eine halbwegs normale, wenn man ein paar Schritte zurück machte und Menschen in den Blick nahm, die wirklich und eindeutig ›gescheitert‹ waren. Die Zeit von Ende 20 bis Ende 30 verbrachte ich nicht damit, ins Leben zu gehen oder mich auf irgendeine Weise darin einzurichten, sondern ich zog mich daraus zurück, auf eine so geschickte Weise, dass es nicht direkt auffiel. Anderen nicht – und mir selbst meistens auch nicht.

Eines meiner Lieblingsbücher stammt von Ottfried Preußler, es sind *Die Abenteuer des starken Wanja*. Wanja ist darin zunächst vor allem ein sehr, sehr fauler Wanja. Sehr zum Ärger seiner fleißigen Brüder übernimmt Wanja noch nicht einmal kleine Arbeiten. Aber erstaunlicherweise wird er stets verteidigt, sowohl von seinem Vater als auch von der Tante Akulina, die dem Vater den Haushalt führt. Was kann der Wanja denn dafür, dass er so faul ist, hält sie den Brüdern entgegen – der liebe Gott wird sich schon etwas dabei gedacht haben. Und tatsächlich wird aus dem faulen Wanja eines Tages ein Zar. Selbstverständlich muss er auf dem Weg dorthin verschiedene Prüfungen bestehen und die erste dauert gleich sieben Jahre: Er darf nur Sonnenblumenkerne essen, er darf mit niemandem reden und den Ofen nicht verlassen, auf dem er sich aus Schafpelzen ein Bett gebaut hat. Erst wenn er genügend Kraft hat, um das Dach so weit anzuheben, dass der Mond durch die Ritze scheint, darf er hinausziehen in die Welt.

Manchmal denke ich, dass diese Jahre, die ungefähr mein viertes Lebensjahrzehnt umfassten, auf eine verborgene Weise eine Zeit der Sammlung waren, des Rückzugs. Jahre auf dem Ofen. Es kommt mir so vor, als ob ich mir in einem Ausmaß, das mich manchmal bestürzt und manchmal ob der darin enthaltenen Kreativität begeistert, Lebensbedingungen und Nischen geschaffen habe, in denen ich (über)leben konnte, ohne ständig mit meinen Unzulänglichkeiten, meinen Beschränkungen konfrontiert zu sein. Es kommt mir so vor, als hätte ich eine windschiefe Bude unmittelbar am Abgrund gebaut, die mir zumindest etwas Lebensqualität ermöglichte. Und aus dieser Nische, in der ich mir alles so eingerichtet hatte, dass ich mir nicht nur wie ein halbwegs ›normaler Mensch‹ vorkommen konnte, sondern mich meist auch so verhielt, aus dieser Nische heraus landete ich in der psychotherapeutischen Praxis von Frau H. – und brach zusammen.

EIN ZUSAMMENBRUCH – SO UNVERSTÄNDLICH WIE ABSEHBAR

Plötzlich war das Gerede wieder da. Schlimmer als je zuvor. Es war nie weg gewesen, aber ich hatte mich davon längst nicht mehr so bedrängt gefühlt. Jetzt war es nicht mehr zu überhören. Es gab keinen Moment ohne Geplapper im Kopf, es war wie angestellt und lautgedreht, und ich fand keinen Knopf, um es auszuschalten, um den Druck, der damit verbunden war, zu reduzieren. Abends saß ich vor dem Fernseher und konnte noch dem durchsichtigsten Krimi nicht folgen, weil mich dieses Geplapper, so eintönig und stupide es war, von allem ablenkte. Oft bekam ich nur Bruchteile von dem mit, was andere mir sagten oder erzählten. Das Gerede war wie der Igel immer »schon da«, schneller und lauter.

Ich schleppte mich durch die Tage, oft antriebsarm und schlapp. In der ersten Therapie hatte ich lange gebraucht, um die wichtigste Lektion zu lernen: Ich darf nicht dagegen ankämpfen, darf in dem Geplapper keinen Feind sehen, kein ›Außen‹. Aber wie sollte ich akzeptieren, dass ich mich in ein nur noch in seltsame Selbstgespräche verfangenes Wesen verwandelt hatte?

Manchmal passierte etwas, das ich mehr fürchtete als alles andere – mein Ich wurde ›wackelig‹ oder drohte sich aufzulösen, jedenfalls existierte es nicht mehr mit der unhinterfragbaren Gewissheit, mit der wir uns gewöhnlich als ›wir selbst‹ empfinden. War ich diejenige, die plapperte, oder diejenige, die das Plappern bekämpfte? Oder beide und zugleich noch eine dritte, die sich darum bemühte, nicht die Nerven zu verlieren? Was die ganze Sache vollkommen rätselhaft machte: Es schien überhaupt keinen Grund zu geben! Es war ja nichts passiert! Nichts hatte sich in der realen, der äußeren Welt verändert, außer, dass ich eine zweite Therapie begonnen hatte. Wie in einem schlechten Witz schien erst die Therapie die Probleme hervorzurufen, die zu lösen sie dann nicht in der Lage war.

Diese zweite Therapie hatte ich begonnen, weil … Ich weiß es nicht. Die wichtigsten Wendepunkte meines Lebens sind mir bis heute unverständlich: Warum habe ich mich plötzlich auf eine Weise verhalten, die sich nicht angekündigt hatte, die zum damaligen Zeitpunkt unsinnig schien, zumindest rätselhaft? Bis heute kommt mir die Hinwendung zum Schreiben wie eine Flucht vor. Als hätte ich mich an einem Bahnhof befunden, an dem alle Züge mittlerweile abgefahren waren – und ich wusste nicht, verstand nicht, wieso ich nicht in einem von ihnen saß. Schließlich setzte ich mich in den einzigen, der sich noch am Bahnhof befand – obwohl er an einem toten Gleis stand, obwohl ich als Einzige wusste, dass er sich niemals in Bewegung setzen würde. Wie soll ich erklären, dass er dann doch irgendwann Fahrt aufnahm? Wie soll ich erklären, dass diese Entscheidung für das Schreiben, so unsinnig sie damals war, sich gleichzeitig im Nachhinein als das Beste herausstellte, was ich hatte tun können? Hatte ich womöglich damals schon mit einem Teil meines Selbst geahnt, dass (nur) das Schreiben so etwas wie meine Rettung werden könnte?

Auch die Entscheidung für diese zweite Therapie hat sich offenbar in solch tiefen, mir nicht bewusst zugänglichen Schichten vollzogen, auch an ihr war manches ›unsinnig‹

oder zumindest rätselhaft. Immerhin hatte ich Jahrzehnte damit verbracht, meine Probleme zu bagatellisieren und tat das auch noch, als ich die Praxis von Frau H. erstmals betrat. Denn obwohl ich fast 40 Jahre alt war und weder über einen Uni- noch einen Berufsabschluss verfügte, obwohl meine Entscheidung für ›das Schreiben‹ nun auch schon wieder fast zehn Jahre zurücklag, ohne dass mir etwas gelungen wäre, das man als ›Durchbruch‹ hätte bezeichnen können, obwohl mein Alkoholkonsum ein eindeutig kritisches Maß schon lange überschritten hatte, obwohl meine Konzentrationsfähigkeit in guten Phasen für drei Zeilen ausreichte und Intimität weiterhin ein Minenfeld für mich war, betrat ich die Praxis von Frau H. mit der Überzeugung, dass mit mir im Großen und Ganzen alles in Ordnung war. Ich finde das bis heute rätselhaft, aber es war so. Ich stellte mir vor (oder redete mir ein), dass es ein Problem gab, das in der ersten Therapie aus Zeitgründen nicht mehr hatte ›bearbeitet‹ werden können und das jetzt eben mit einiger Verzögerung ›dran‹ war. So wie jemand, dem bei der Haussanierung das Geld ausgegangen ist, ein Zimmer nicht renoviert hat. Keine große Sache, man wird es nachholen, sobald wieder Geld da ist. Es sind keine tragenden Teile betroffen, es ist weder der Keller noch das Dach – es ist einfach nur eines der Zimmer. Das dachte ich jedenfalls die meiste Zeit, denn irgendwo schlummerte ja immer auch der Gedanke, dass etwas auf eine ernsthafte Weise mit mir nicht stimmte. Aber er schlummerte in dieser Zeit ziemlich tief.

Der Tod meiner Tante, die wir acht Jahre lang in unserem Haushalt betreut hatten, lag noch nicht einmal ein Jahr zurück, und vielleicht hatte ich nach ihrem Tod mehr, als mir bewusst war, das Gefühl, dass es an der Zeit wäre, all dem, was mit mir nicht stimmte, auf den Grund zu gehen. Vielleicht spürte ich, dass ich (mit fast vierzig) vermutlich die letzte realistische Chance hatte, meinem Leben eine Wendung zum Guten, zum Gelingenden zu geben. Vielleicht spielte all das eine Rolle – aber damals, vor ungefähr 15 Jahren, dachte ich nicht an Chance oder Scheitern, vor 15 Jahren war ich davon überzeugt, dass ich die Therapie bei Frau H. begann, weil ich einen Anruf fürchtete. Einen Anruf meiner Mutter.

Von der Panik, in die mich der Gedanke an diesen Anruf versetzte, hatte ich ratsuchend meiner Hausärztin erzählt – und damit natürlich auch von dem Hintergrund dieses Anrufs, also von meiner Schwester, die sich seit Kurzem an sexuelle Übergriffe meines Vaters konkret erinnerte und meiner Mutter davon berichtet hatte. Und nun fürchtete ich, dass meine Mutter mich anrufen und von mir wissen wollen würde, ob ich von solchen Übergriffen auch betroffen gewesen sei. Ich hatte der Hausärztin und später auch Frau H. gegenüber (an die mich die Hausärztin überwiesen hatte) ein schlechtes Gewissen, dass ich die »sexuellen Übergriffe« überhaupt erwähnt hatte, obwohl sie – so kam es mir jedenfalls vor – eigentlich keine entscheidende Rolle bei meiner Angst vor dem Anruf spielten. Aber wie sollte ich erklären, dass es gar nicht das spezielle Thema der sexuellen Übergriffe durch meinen Vater war, das mich vollkommen aus dem Konzept brachte, sondern die Tatsache, dass meine Mutter die übliche Kommunikationsrichtung einfach umdrehte und wirklich und wahrhaftig etwas von mir wissen wollte – mir kam es so vor, als hätte es auch alles Mögliche andere sein können. Ob es mir gut ginge zum Beispiel. Die Vorstellung, dass meine Mutter sich mir zuwenden könnte, löste in mir ein kaum erträgliches Gefühl aus. Das war nicht vorgesehen, schien gegen eine Grundbedingung unserer Beziehung zu verstoßen. Ich konnte mir nicht vorstellen, die

Frage zu beantworten, ich konnte mir auch nicht vorstellen, meiner Mutter ›einfach‹ zu sagen, dass ich mit ihr darüber nicht reden wolle, überhaupt nicht über mich reden wolle. Darüber nicht und über nichts anderes. Ich würde das nicht aushalten, dachte ich, ich wäre ihr in einer Art stummem Entsetzen ausgeliefert. So fühlte es sich an. Ausgeliefert. Was mir selbst vollkommen übertrieben vorkam. Übertrieben – und auch ein bisschen lächerlich.

Ich wusste, dass ich ein derartiges Unbehagen empfand, ich wusste, wie verrückt mich der Gedanke an meine mich befragende Mutter machte – aber zugleich glaubte ich mir schon damals diese Version nicht so richtig. Konnte das denn wirklich sein? War es vielleicht ganz anders und ich benutzte den (indirekten) Hinweis auf meinen ›sexuell übergriffigen Vater‹ als Eintrittskarte, als Berechtigung für eine Therapie, die ich eigentlich nicht verdient hatte, weil ich ja schon eine absolviert hatte, nach der es mir gut gegangen war? Ich hatte meine Chance gehabt und vertan und nun versteckte ich mich hinter ›diesem Thema‹ und behauptete zugleich, es wäre unwichtig. Oder, fragte ich mich in anderen Momenten, war es vielleicht umgekehrt und mich beunruhigte der Ge-danke an meinen Vater so sehr, dass ich meine Mutter ›vor-schieben‹ musste, um mir Hilfe holen zu können? Ich ver-stand nicht, was mit mir los war. Ich verstand nicht, warum ich plötzlich ums Überleben kämpfte – aber so fühlte es sich an. Sämtliche Bilder, die mir in dieser Zeit in den Sinn ka-men, waren Bilder existentieller Bedrohung. Ich drohte zu ertrinken, zu verhungern oder verdursten.

Gefühle sind nicht meine Muttersprache. Als mir dieser Satz wäh-rend der ersten Therapie in den Sinn gekommen war, hatte ich damit vor allem ausdrücken wollen, dass ich mir irgendwie ungelenk vorkam im Umgang mit Gefühlen. Vor allem aber hatte mich mein Mangel an Gefühlen irritiert – und beschämt. Zwar hatte ich meiner Umgebung immer als ›sozial‹ gegolten, aber Dr. G. hatte ich gestanden, dass mir leider jedes echte Mitgefühl fehle. Eigentlich überhaupt jedes Gefühl. Jedenfalls war es mir so vorgekommen. Und jetzt wurde mir bewusst, wie wenig noch immer mit meinen Gefühlen stimmte, auch wenn ich jetzt nicht mehr darunter litt, dass sie zu klein, zu wenig, zu gering waren, sondern – ganz im Gegenteil – jetzt waren sie zu groß, zu mächtig, jetzt drehten sie irgendwie durch, was (auch das war mir so unangenehm wie unverständlich) eigentlich immer irgendwie mit Frau H. zu tun hatte.

Noch verrückter war, dass ich, obwohl es mir so schlecht ging, keinen Moment erwog, die Therapie zu beenden – oder mich vielleicht zumindest nach einer anderen, vielleicht ja irgendwie geeigneteren Therapeutin umzusehen, ja, dass im Gegenteil meine größte Angst die war, dass Frau H. mich rausschmeißen würde. Mein Rausschmiss stand in meiner Vorstellung jahrelang unmittelbar bevor, weil … es gab unzählige Gründe. Weil es mir so schlecht ging (Frau H. würde sagen, dass sie mir offenbar nicht helfen könne und ich bei jemand anderem sicherlich besser aufgehoben wäre), weswegen Frau H. auch nicht wissen durfte, *wie* schlecht es mir ging. Vielleicht ging ich aber Frau H. auch *wegen* meiner Hinweise darauf, wie schlecht es mir ging (an denen ich es natürlich dennoch nicht fehlen ließ), unglaublich auf die Nerven. Damit und mit unerhört vielem anderen auch: mit meinen Anrufen und Briefen und mit den Geschichten und Texten, die ich schrieb und die Frau H. lesen *musste,* weil ich damit viel besser, weil ich wenn überhaupt *nur* damit erklären konnte, was mit mir los war. Und dann implodierte ich auch noch ständig, so fühlte es sich jedenfalls an, wenn Frau H. etwas sagte, das mir verriet, *wie* wenig sie mich verstanden hatte – was mich wiederum vollkommen hoffnungslos stimmte und mir jede Zuversicht nahm, dass unsere Gespräche, ja dass überhaupt irgendetwas in diesem Leben noch Sinn hätte. Das war natürlich vor allem für mich sehr scheußlich, aber für Frau H. war es sicherlich auch nicht besonders angenehm, jedenfalls kam es mir so vor, als ob sie immer seltener etwas sagte, was ich angesichts meiner vollkommen überzogenen Reaktionen verstehen konnte, was mir aber zugleich eben- falls enorm unangenehm war. Es gab natürlich noch unzäh- lige andere Verhaltensweisen, mit denen ich Frau H. auf die Nerven ging, und wenn ich das manchmal andeutete und Frau H. behauptete, dass dem nicht so sei, glaubte ich ihr meistens nicht oder nur kurz, nur solange sie mich freund- lich ansah, aber sobald ich die Praxis verlassen hatte, glaubte ich ihr schon nicht mehr, was ja auch irgendwie schräg war und sie möglicherweise verärgerte. Am schlimmsten wäre es, dachte ich manchmal, wenn ich ihr tatsächlich ›eigentlich‹ gar nicht auf die Nerven gegangen war, sondern erst durch meine Angst davor, ihr auf die Nerven zu gehen, und durch meine ganze diesbezügliche Fragerei womöglich erst her- vorrief, was ich doch unbedingt vermeiden wollte: meinen Rausschmiss. Was ja wirklich vollkommen idiotisch gewesen wäre. Irrsinnig. Und eine echte Katastrophe, denn das Aller- schlimmste war ja: Ich brauchte Frau H., um zu überleben. Was ich ihr natürlich so auch nicht sagen konnte …

Ich habe sie gehasst, diese Abhängigkeit. Alles daran war schlimm. Ich habe überlegt, ob ich sie unerwähnt lassen soll- te, ob ich übergehen sollte, dass sich große Teile meines Le- bens in diesen Jahren um die Frage drehten, ob Frau H. da war oder ob sie Ferien machte, ob sie zwar vielleicht Ferien machte, aber nicht weggefahren war, also in Notfällen zu erreichen wäre, und ab wann man denn eigentlich von einem ›Notfall‹ sprechen konnte. Würde sie mich rauswerfen, wenn ich sie anrufen würde, obwohl der Grund meines Anrufs eigentlich nicht das war, was normale Menschen einen Notfall nennen würden?

Wahrscheinlich würden es die meisten Menschen äußerst unangenehm finden, wenn sie in eine so massive Abhängigkeit von ihrer Psychotherapeutin gerieten. Den meisten Menschen wäre es sicherlich peinlich, sie würden niemandem davon erzählen und sich still vor sich hin schämen. All das war auch bei mir der Fall, aber zugleich war es noch schlimmer. Denn diese übergroße Abhängigkeit zielte ins Zentrum meines Selbstverständnisses, ins Zentrum dessen, was ich sein wollte und bis dahin auch behauptet hatte zu sein: unabhängig. Ich brauchte niemanden! Niemanden und nichts, noch nicht einmal das Nuckeltuch hatte ich gebraucht, sogar davon hatte ich mich getrennt: Ich hatte eine Erinnerung, die ich immer schon gemocht hatte und die ich vielleicht nicht geglaubt hätte, wenn meine Mutter sich nicht ebenfalls daran erinnert und gelegentlich davon erzählt hätte. Eigentlich war sie fast zu schön, um wahr zu sein, denn sie zeigte mich, wie ich mich am liebsten sehen wollte, schon fast heroisch unabhängig: Als kleines, vielleicht dreijähriges Mädchen hatte ich meiner Mutter erklärt, ich brauche mein »Nuckeltuch«, das eine alte Stoffwindel war, nicht mehr, und darauf bestanden, dass sie es wieder mitnähme, als sie es mir frisch gewaschen abends ans Bett gebracht hatte. Meiner Mutter war das nicht recht. Was, wenn ich es dann nachts doch wollte und sie deswegen wecken würde? Ich wollte es aber nicht im Bett behalten, ich wollte, dass meine Mutter sah, dass ich es nicht mehr brauchte, dass ich es nicht mehr (nie mehr) benutzen würde! Dann würde sie es eben so ordentlich gebügelt und gefaltet, wie es gerade war, unter mein Kopfkissen legen, schlug meine Mutter vor. Sie würde am nächsten Morgen erkennen können, ob ich es benutzt hatte. Ich war einverstanden – und benutzte es selbstverständlich nicht. Ich erklärte meine Unabhängigkeit. Ich wollte nicht mehr abhängig sein von den lächerlichen Krumen an Aufmerksamkeit und Wohlwollen, die gelegentlich für mich abfielen.

Wohin war diese Unabhängigkeit, diese Stärke verschwunden, die ich als dreijähriges Kind besessen hatte? Wie konnte sie sich derart in ihr Gegenteil verkehrt haben? Wodurch? Und was konnte ich tun, um mich wieder in einen halbwegs erwachsenen, selbstständigen Menschen zu verwandeln? Die massive Abhängigkeit, in die ich Frau H. gegenüber geraten bin, hat mich noch beschämt, nachdem ich andere »Schamtüren« (Monique Honegger: 27) relativ beherzt durchschritten hatte, vor allem diejenige, auf der »Selbstgespräche« stand. Und natürlich liegt der Gedanke nahe, dass diese Abhängigkeit nicht gut gewesen ist. Dass das doch nicht der Sinn einer Therapie sein könne. War es auch nicht. Der Sinn der Therapie bestand nicht darin, dass es so war, wie es war. Der Sinn der Therapie bestand darin, dass es sich veränderte – und das tat es. Langsam. Sehr langsam. Und obwohl es lange Phasen gab, in denen ich von dieser Veränderung weder etwas spürte noch etwas sehen konnte, wusste ich seltsamerweise immer auch ›irgendwie‹, dass dies meine einzige Chance wäre, meinem Leben die entscheidende Wendung zu geben. Als wäre ich in einen Raum, an einen Ort geraten, den ich nicht mehr auf dem Weg verlassen konnte, auf dem ich ihn betreten hatte. Dieser Weg existierte nicht mehr.

Ich habe mich über so vieles getäuscht, ich habe mich auch über die Scham getäuscht. Solange sie mich fest im Griff hatte, schien sie unlösbar an den betreffenden Ereignissen oder Handlungen zu kleben: Das laute Reden oder die übergroße Abhängigkeit von Frau H. schienen mir automatisch und zwangsläufig mit Scham verbunden zu sein. Das Ziel konnte nur darin bestehen, diese Beschämung hinzunehmen. Auszuhalten. Einzusehen, dass beides ein Makel war, aber womöglich kein wirklich schlimmer. Nichts, das meine Selbstachtung dauerhaft oder vollständig angreifen sollte. Dieses Ziel zu erreichen, schien mir schon außerordentlich ambitioniert.

Als ich sie dann irgendwann endlich überwunden hatte, las ich, dass auch die »existentielle Abhängigkeit« eine typische Traumafolge ist, und mich empörte der Gedanke an all die Menschen, die gerade jetzt, in diesem Moment, in genau einer solchen Abhängigkeit steckten. Menschen, denen Schlimmes widerfahren war, die wirklich genug Probleme hatten und die sich nun vollkommen überflüssigerweise auch noch schämen (mussten). Menschen, die einen ungeheuer schweren Rucksack zu tragen hatten und dabei auch noch lächeln sollten. Oder schneller gehen. Oder nicht schnaufen durften – oder was immer ihre schwierige Aufgabe etwas einfacher machen könnte.

Boris Cyrulnik erzählt in *Scham* von einer älteren Frau. Sie hatte, wie Cyrulnik selbst, die Shoah überlebt – als jüdisches Mädchen versteckt von Bauern. Immer wieder hatte sie gehört, dass die Juden an all dem Schrecklichen, das passierte, schuld wären. Sie hatte es geglaubt und sich sehr dafür geschämt, dass auch sie eine Jüdin war. Die Scham überlebte die Befreiung und sie verschwieg weiter, dass sie Jüdin war. Erst Jahrzehnte später sagte sie, bei einem Kaffeetrinken mit

Freundinnen, ohne rechten Anlass, ganz unvermittelt und für sich selbst überraschend: »Übrigens, ich bin Jüdin …« Nach einem Moment der Irritation fragten die Freundinnen interessiert, betroffen, berührt nach. Die ältere Frau machte es sich fortan zur Gewohnheit, in Gespräche irgendwann den Satz einzuflechten: »Übrigens, ich bin Jüdin …« (2011: 31)

Seit ich von ihr gelesen habe, fühle ich mich von dieser Frau freundlich begleitet. Manchmal habe ich mir vorgestellt, dass sie mir zuwinkt und mir ein wenig Mut macht. Und jetzt gefällt mir die Idee, mit diesem Text nicht nur einen großen Schritt herauszutreten aus dem »Erdloch der Scham« (Boris Cyrulnik), sondern damit so ähnlich, wie mir die ältere Jüdin zuwinkt, anderen zuzuwinken, die diese Zeilen lesen und vielleicht als Ermutigung empfinden werden …

EIN TRAUMA HÄTTE DIE SACHE LEICHTER GEMACHT

»Waren Sie als Kind einmal getrennt von ihren Eltern?«, fragte Frau H. nachdem ich ihr irgendwann von den vollkommen durchdrehenden Selbstgesprächen berichtet hatte, ungern berichtet hatte, weil es mich zutiefst beschämte, davon zu erzählen, dass ich den ganzen Tag redete, inzwischen fast immer mit ihr.

Ich musste nachdenken. »Nein«, antwortete ich dann, »war ich nicht.« Ich überlegte weiter. »Ach doch«, plötzlich erinnerte ich mich an ein kurzes Verlorengehen im Alter von drei oder vier Jahren, das sich in einem der Sommerurlaube an der Nordsee zugetragen hatte. Ich war meinem älteren Bruder hinterhergelaufen, hatte ihn aus den Augen verloren und alleine nicht mehr zum Strandkorb zurückgefunden. Davon erzählte ich Frau H. und erst in der Nacht fiel mir die ›andere‹ Urlaubs-Geschichte ein: Ich war ja doch einmal getrennt gewesen! Noch früher, als noch kleineres Kind, war ich für vier Wochen bei Tante Maja untergebracht gewesen, während meine Eltern mit den beiden Brüdern Urlaub am Meer gemacht hatten.

»Wie alt waren Sie da?«, wollte Frau H. beim nächsten Mal wissen. Ich musste überlegen. Es gibt ein Foto von mir am Urlaubsort, auf dem ich drei bin. Also musste es in dem Jahr davor gewesen sein, ich war also knapp zwei Jahre alt gewesen.

Dieser Sommer und der Urlaub, bei dem ich nicht dabei war, gehörte deswegen zum wiederkehrenden Anekdotenschatz der Familie, weil mein Vater mit meinen Brüdern für ein paar Tage allein am Urlaubsort zurückgeblieben war, während meine Mutter zu ihrer kurzfristig schwer erkrankten »mittleren« Schwester abgereist war: Es gab die Geschichte vom Quecksilber-Thermometer, das Vater und Söhne am Strand gefunden hatten und das der Vater angefasst hatte (wie er selbst sagte, um den Söhnen zu imponieren), womit er erst die Söhne und später auch sich selbst in Panik versetzte, er könne sich lebensgefährlich vergiftet haben. Es gab die Geschichte von den beiden Jungen, die als »lebendiges Pfand« in einem Lokal zurückbleiben mussten, weil der Vater sein Portmonee vergessen hatte, und die von den Kartoffelklößen, die er kochen wollte und aus denen dann ein Brei wurde.

Diese Geschichten wurden regelmäßig erzählt (mein Vater schien sich in der Rolle des mit Alltagsdingen überforderten Vaters durchaus wohlzufühlen) und sorgten ebenso regelmäßig für große Heiterkeit. Nicht immer, aber manchmal erzählte meine Mutter zum Schluss auch noch von dem Apotheker, der sie nach ihrer Rückkehr aus dem Urlaub gefragt habe, ob es mir denn wieder gut ginge. »Wieso das denn? Was soll das heißen?« Meine Mutter verstand die Frage nicht. Wieso »wieder gut gehen«, es war doch alles gut gewesen ... »Aber sie war doch ganz apathisch«, habe der nette Apotheker geantwortet. Meine Mutter schien sich jedes Mal darüber zu freuen, dass es ohne sie doch nicht ganz so gut gegangen war. Und dass sie das durch einen Zufall herausgefunden hatte, dass sie meiner Tante, die ihr das offenbar nicht verraten hatte, auf die Schliche gekommen war, das schien sie am meisten zu freuen.

Dass nun gerade diese Urlaubsgeschichte so etwas wie eine heiße Spur auf meiner Suche nach einer Erklärung für all das wäre, was mit mir nicht stimmte, konnte ich mir nicht vorstellen, aber weil Frau H. nicht lockerließ und die Suche nach Ursachen, nach Erklärungen ja irgendwo beginnen musste, rief ich meine Kusine an und fragte sie, ob sie zufälligerweise wüsste, in welchem Jahr sich dieser Urlaub zugetragen hatte, in dem ihre Mutter im Krankenhaus gewesen war. »Natürlich weiß ich das!«, rief meine Kusine fast ein wenig empört ins Telefon. Selbstverständlich! Schließlich sei sie da ebenfalls im Krankenhaus gewesen … 1968 war das, sagte sie dann. 1968? Aber das konnte nicht sein. Ich hatte meine Kusine angerufen, weil ich mich mittlerweile fragte, ob ich nicht doch schon drei Jahre alt gewesen war. Das wäre dann 1970 gewesen … Aber 1968 war ich weder zwei noch drei, 1968 war ich ein knappes Jahr alt.

»Bist du dir ganz sicher?« Meine Kusine ist das absolute Gegenteil von mir, was eine gute zeitliche Orientierung betrifft, sie hat keinerlei Schwierigkeiten mit Jahreszahlen, und es bestand für sie, weil sie wegen dieses Krankenhausaufenthaltes die Teilnahme am Abiball (oder etwas ähnlich Einschneidendem) verpasst hatte, nicht der kleinste Hauch einer Unsicherheit. Ich fragte nach weiteren Details. Wieso war die Tante denn überhaupt ins Krankenhaus gekommen?

Auf die erste Überraschung, dass ich erst ein knappes Jahr alt gewesen war, folgte eine weitere: Meine Mutter hatte die zunächst schwer, dann lebensgefährlich erkrankte Schwester gar nicht besucht! Sie hatte zwar deswegen den Urlaub unterbrochen, aber ›nur‹, um das Auffliegen einer verrückt verdrehten Notlügen-Geschichte zu verhindern – und die ging so: Weil die ›mittlere‹ Tante in ihrem kritischen Zustand auf keinen Fall erfahren sollte, dass sich ihre Tochter, meine Kusine, (wegen einer akuten Blinddarmentzündung) ebenfalls im Krankenhaus befand, brauchte es eine ›Notlüge‹, mit der erklärt werden konnte, warum die Tochter ihre Mutter

nicht besuchte. Die Erklärung lautete: weil sie auf mich aufpassen musste, damit die älteste der Schwestern (also Tante
Maja) ins Krankenhaus kommen konnte. Aber wer könnte
dann stattdessen auf mich aufpassen? Meine Mutter! Meine
Mutter wurde also aus dem Familienurlaub zurückbeordert,
wo sie drei, vier Tage (vermute ich) auf mich aufpasste und
dann, als Tante und Kusine wieder ›über den Berg‹ waren,
zurückfuhr, wo sie ja – wie die Anekdoten belegen – ebenfalls dringend gebraucht wurde.

Ich war also nicht zwei oder drei Jahre alt gewesen, sondern
zehn Monate, und meine Mutter war nicht vier Wochen
durchgehend weg gewesen, sondern sie war zwischendurch
zurückgekommen – um dann erneut zu verschwinden. Änderte das etwas? War diese Geschichte, diese Episode wichtig? War sie vielleicht sogar die ›Schlüsselszene‹ für mein
aus der Spur geratenes Leben? Ich konnte es mir nicht vorstellen – und wenn ich es mir vorstellte, gefiel es mir nicht.
Sollte die Erklärung für das jahrzehntelange Geplappere, für
das Trinken, für die Flucht in die Schriftstellerei darin liegen, dass ich vor vierzig Jahren als Kleinkind für ein paar
Wochen von meiner Mutter, von meiner Familie getrennt
gewesen war? Wie viele Menschen hatten weit Schlimmeres
erlebt und meisterten ihr Leben? Ich wusste damals noch
nicht sehr viel über Traumata, aber ich wusste: Ein Trauma
hätte die Sache leichter gemacht. Ein Trauma war etwas, das
einem von außen widerfahren war, an dem man nicht selbst
schuld war …
    Aber was auch immer mit mir los war – ein Trauma kam
als Erklärung für mich leider nicht in Frage. Aus vielerlei
Gründen. Einer davon waren ›Flashbacks‹. Wenn von Traumata die Rede war, war von Flashbacks die Rede – oder

sie waren zu sehen: Jemand, der gerade noch ganz ›normal‹ schien, verwandelte sich und wurde plötzlich ›überflutet‹ von nicht kontrollierbaren Erinnerungen. Wie viele Filme hatte ich gesehen, in denen eine Frau wieder und wieder vergewaltigt wurde, in denen ein Mann in eine Endlosschleife von Kriegsgräueln geriet, und ohne, dass man so richtig verstehen konnte, wie das möglich war, schien sich die Vergangenheit in die Gegenwart hineinzuschieben oder sie zu überschreiben, und die Betroffenen bemerkten das nicht – was das Allerseltsamste daran war. Ich hatte so etwas nicht. Und vor allem: Was immer ich als Kind erlebt hatte, lag nun fast vierzig Jahre zurück! Vierzig Jahre, in denen ich doch – so empfand ich das noch immer – ein halbwegs normales Leben geführt hatte.

Die ›alte Version der Geschichte‹, die Vorstellung, dass mit mir bis zu dem ›Zusammenbruch‹ eigentlich alles halbwegs in Ordnung gewesen war, fiel nicht von einem Tag auf den anderen in sich zusammen, sie blieb mir noch lange als ein störrisches Grundgefühl erhalten. Immer wieder und selbst in den Zeiten, als es mir wirklich sehr, sehr schlecht ging, als ich mich niedergedrückt und depressiv verstimmt durch die Tage schleppte, hielt ich es mit einem Teil meines Selbst für möglich, dass ich mir auch das irgendwie nur einbildete, dass ich übertrieb. Auch das war natürlich ›verrückt‹: Ich hatte in den beiden zentralen Bereichen des Lebens (Arbeit und Partnerschaft) massive Probleme, Probleme, die mein ganzes Leben prägten, und dennoch war ich insgeheim noch immer überzeugt, dass jemand, der in vielem so normal war wie ich, keine wirklich ernsthaften Probleme haben konnte. Und wer keine ernsthaften Probleme hatte, dem konnte in der Vergangenheit nichts wirklich Schlimmes widerfahren sein.

Und wem nichts Schlimmes widerfahren war, der konnte keine ernsthaften Probleme haben …

Mir war nicht klar, wie redundant, wie waghalsig dieser Zirkelschluss war. Mir war so vieles nicht klar. Mir war auch überhaupt nicht klar, dass ich nicht die halbwegs vernünftige, halbwegs objektive oder verständige Beobachterin meines eigenen Lebens war, die ich zu sein glaubte. Mir war nicht klar, wie wenig meine Vorstellungen von mir selbst auf irgendwelchen halbwegs objektiven Tatsachen beruhten, sondern sich aus Geschichten zusammensetzten, die vor allem eins waren: ein zentraler Bestandteil meiner Verrenkungen. Ich konnte in diesen Jahren der großen Ratlosigkeit (natürlich) nicht so über mich und mein Leben und über all die Irrtümer, die sich vor mir auftürmten, nachdenken, wie ich es jetzt kann. Damals verhedderten sich meine Gedanken schon nach wenigen Worten oder Momenten oder Atemzügen. Und eigentlich dachte ich auch nicht wirklich nach, sondern ich wurde von einem kaum zu entwirrenden Knäuel an Fragen und Gefühlen (vor allem Ängsten) hin und her gerüttelt.

Die ›Sache mit meinem Vater‹ stellte ich mir damals (also vor etwa 15 Jahren) ungefähr so vor: Ich war mir sicher, dass es ›sexuelle Übergriffe‹ durch meinen Vater gegeben hatte – unter denen allerdings vor allem meine Schwester zu leiden gehabt hatte. Ich nur am Rande. Ich hatte Glück gehabt. Glück im Unglück, sozusagen. Und vorstellen konnte ich es mir sowieso nicht. Nicht richtig. Wenn ich es versuchte (und ich versuchte es wieder und wieder), stellte ich mir das, was da passiert sein mochte, als eine Art Unfall vor. Ich hatte nur Erinnerungen an feuchte Küsse und ein sehr vages, sehr unangenehmes ›Körpergefühl‹, bei dem mein Vater mich auf eine Weise an sich heranzog, die ich nicht näher schildern möchte, weil sie mir bis heute unangenehm ist. Zu der Vorstellung des ›Unfalls‹ gehörte, dass mein Vater betrunken gewesen war. Ich konnte mir keine konkreten Handlungen vorstellen, aber ich war mir absolut sicher, dass innerhalb des Spektrums der Handlungen, die man als ›sexuellen Übergriff‹ bezeichnen könnte, nur die eher ›harmlosen‹ in Frage kamen. Ich war mir sicher, dass mein Vater sich niemals nüchtern so verhalten hätte. Und dass er am nächsten Morgen nichts mehr davon gewusst hatte. Dass niemand etwas davon gewusst hatte. Und irgendwie war ich mir auch sicher, dass – was immer da passiert sein mochte – mir nicht wesentlich geschadet hatte. Vielleicht (vermutlich, nein, sehr sicher) meiner Schwester, aber mir nicht. Ich hätte ja sonst ganz andere Probleme gehabt, dachte ich. Ernsthafte Probleme …

Und dann hielt ich es plötzlich in den Händen: das Buch, das mir alles erklärte: *Das Verfolgte Selbst. Strukturelle Dissoziation und die Behandlung chronischer Traumatisierung,* verfasst von Onno van der Hart, Ellert R. S. Nijenhuis und Kathy Steele. Auf meiner endlos langen Suche nach einer Erklärung für das, was mit mir los war, war ich endlich fündig geworden! All die Fragen, die mich oft bis zur Verzweiflung umtrieben, wurden darin beantwortet, vor allem die eine: wie jemand zugleich so verrückt und so normal sein konnte, wie ich es war. Normalität! Ständig tauchte dieses Wort auf – schon nach wenigen Zeilen in der Einleitung gleich zweimal:

> Das Sinnvollste, das sie [die chronisch Traumatisierten J.R.] tun können, ist, die unaufgelösten und schmerzhaften Traumata, die sie in der Vergangenheit erlebt haben und möglicherweise auch noch in der Gegenwart erleben, mental zu vermeiden und, so gut es geht, eine Fassade der Normalität aufrechtzuer-

halten. Doch trotz ihrer scheinbaren Normalität ist ihr Leben an der »Oberfläche des Bewusstseins« (Appelfeld 1994) ständig gefährdet. (16)

Dieses Buch erzählte auf seinen vielen, vielen Seiten von Menschen, die ganz normal waren und zugleich auch eine ziemlich verrückte Seite hatten – zum ersten Mal begegnete ich Menschen, die so waren wie ich!

Ich war begeistert! Oder jedenfalls erleichtert. Endlich verstand ich, dass die von mir so angestrebte und mit allen Mitteln verteidigte Normalität kein Gegensatz zur Verrücktheit war, sondern die andere Seite der Medaille. Nur indem ich mich in einen »anscheinend normalen« und einen »emotionalen Teil« (der die Erinnerung an das Trauma bewahrte) aufgespalten hatte, konnte ich die »vehementen Emotionen« in Schach halten, die mich zu überwältigen drohten. Spaltung. Oder, wie es in dem Buch meist hieß: »Dissoziation«. Durch mein Leben zog sich ein Riss, den ich nicht hatte sehen, nicht hatte wahrnehmen können. Ich konnte immer nur die eine Seite sehen, auf der ich mich gerade befand – die andere existierte nicht. Die Frau, die am Abgrund steht und ihn nicht sieht …

Auch für meinen Zusammenbruch, für mein Durchdrehen, sogar für mein seltsames Verhalten Frau H. gegenüber hatte ich jetzt eine Erklärung: Menschen, die durch andere Menschen verletzt worden waren, reagierten, insbesondere wenn es sich dabei um ihre Eltern handelte, mit einer Art Phobie, die sich sowohl auf Bindung als auch – auf den ersten Blick paradoxerweise – auf Bindungs*verlust* bezog. Bindung war so gefährlich wie notwendig. Der Text erklärte mir einfach alles. Aber leider hatte die Sache einen Haken: All diese Menschen waren traumatisiert …

Endlich hatte ich die so ersehnte Erklärung nicht nur für mein Verhalten, nicht nur für das Gerede, sondern auch ›für alles andere‹, selbst dafür, dass ich mein ganzes Leben lang nicht hatte begreifen können, was mit mir los war – aber die erste Chance, die Dichotomie zwischen ›verrückt und normal‹ zu überwinden, ließ mich übergangslos in die nächste geraten, in die zwischen ›traumatisiert und nicht traumatisiert‹, denn für mein Gefühl waren weder die Erfahrungen und Ereignisse, die ich mit meiner Mutter verband (Lieblosigkeit und emotionale Kälte), noch diejenigen, die ich mit meinem Vater verband, ›schlimm‹ oder gravierend genug, um die Bezeichnung ›Trauma‹ zu rechtfertigen. Trauma, das bedeutete Folter oder Vergewaltigung, Tsunami oder Lawinenunglück, Banküberfall oder Flugzeugabsturz. Nichts davon hatte ich erlebt, und auch nichts, das annähernd in diese Richtung ging, das auch nur halb so ›schlimm‹ gewesen wäre.

Nachdem ich dieses Buch gefunden hatte, das alles erklärte, gleichzeitig aber die verwirrende Frage aufwarf, warum ich mich exakt so verhielt wie Menschen, die traumatisiert waren, ohne aber traumatisiert zu sein, besorgte mich der Gedanke sehr, dass Frau H. womöglich gar nicht wusste, dass es auch noch andere Menschen gab, die sich so verhielten wie ich. Ich selbst hatte ja auch erst nach jahrzehntelanger Recherche und eher zufällig davon erfahren. Konnte sie es wissen, ohne dieses Buch zu kennen? Konnte sie mich, ohne dieses Buch zu kennen, überhaupt richtig behandeln? Ich hätte ihr sehr gerne dieses Buch geschenkt oder geliehen, aber das erschien mir unvorstellbar anmaßend. Zumal ich die Geduld von Frau H. ja aus den erwähnten Gründen schon bis zum Anschlag strapazierte. Und was, wenn Frau H. auf die Idee käme, dass ich an ihrer Kompetenz zweifelte? Und noch weniger, als eine zu sein, die übertreibt, wollte ich eine sein, die meint, alles besser zu wissen. Und es war zwischen uns ja alles schon kompliziert genug. Wahrscheinlich wusste Frau H. so gut wie ich, dass ich nicht traumatisiert war. Vielleicht würde sich daran etwas ändern, wenn wir endlich einmal über meinen Vater reden würden, aber das war leider unmöglich! Sobald wir über meinen Vater redeten, gerieten wir in noch größere Schwierigkeiten als sonst schon. Es war vollkommen vermintes Gelände. Und außerdem kam es mir (die meiste Zeit) auch nicht so vor, als ob wir nur über meine Mutter redeten, um dem Reden über meinen Vater auszuweichen – mittlerweile war ich davon überzeugt, dass ich ein wirklich gravierendes Problem mit meiner Mutter hatte. Ein Problem, das im Schatten eines Problems zu liegen schien, das ich mit meinem Vater hatte – oder warf das Problem, das ich mit meiner Mutter hatte, den Schatten, in dem das Problem mit meinem Vater …?

So sehr ich bis heute davon überzeugt bin, so sehr dieser Text von dem Glauben lebt, dass es für Menschen wie mich notwendig ist, eine ungefähre Vorstellung davon zu gewinnen, was sich in ihrem Leben zugetragen hat und wie es zu verstehen ist, so sehr sehe ich heute in meiner ›obsessiven‹ Suche nach (theoretischen) Erklärungen, nach *der* Ursache, auch eine Ablenkung, eine weitere Art von Verrenkung, die ich unternahm. Trotz aller Konzentrationsschwierigkeiten, trotz des Geredes im Kopf, das jedes ernsthafte Nachdenken verhinderte, schien mir der kognitive, der theoretische Bereich immer noch sicherer oder ungefährlicher zu sein als der der Emotionen. Von Texten, Büchern, Worten ging für mich immer auch etwas Beruhigendes aus. Indem ich Berge von Papier durchsuchte, kopierte, stapelte und ab und zu auch las, konnte ich außerdem immerhin etwas *tun*. Aber auch für dieses theoretische Wissen gilt, was für so vieles andere gilt: Es war irgendwie da und zugleich konnte ich es nicht mit mir in Zusammenhang bringen. Ich hatte so vieles um mich versammelt, aber anders als heute, wo es mir gelungen ist, zumindest einige Schätze aus den Bücherstapeln zu bergen, blieb dieses fremde Wissen lange stumm. Ich las vieles, ohne es zu verstehen, oder verstand es falsch, entlockte ihm Lesarten, die es möglich machten, den Inhalt irgendwie gegen mich zu wenden – auch das erstaunt mich heute: wie groß mein Ideenreichtum, meine Kreativität war, jedes neu erlangte Wissen in eine Anklage gegen mich selbst zu verwandeln. Ich suchte nach Erklärungen und wies sie zugleich zurück, sobald sie sich in Reichweite befanden. Das trifft (natürlich) auch auf die Trauma-/Nicht-Trauma-Dichotomie zu, in die ich nicht durch einen dummen Zufall geriet oder weil es tatsächlich eine ziemliche Begriffsverwirrung rund um das Trauma-Thema gibt – auch darin sehe ich heute eine Folge der Spaltung, die mein Denken prägte.

Das »Buch, das mir alles erklärte«, das darin verwendete Modell, erscheint mir heute recht mechanisch. Verdinglichend. Es legt nahe, dass ein Trauma und die unterschiedlichen Persönlichkeitsanteile und Handlungssysteme und die diversen Phobien so existieren, wie ein Blinddarm existiert oder eine Lungenentzündung. Es legt den Gedanken nahe, dass (viele) Therapeut:innen etwas falsch machen, wenn sie anders vorgehen als es in diesem Buch als richtig (und alternativlos) beschrieben wird, so dass mein Misstrauen Frau H. gegenüber vollkommen überflüssigerweise neue Nahrung erhielt. Ein Misstrauen, dem ich (natürlich) lange keinen Ausdruck geben konnte, ein Misstrauen, das zu den vielen Dingen gehörte, die ich mit mir alleine ausmachen musste.

Ich bin keine Expertin. Ich weiß nicht, was andere Ansätze, die ich nicht kenne, mir vielleicht ebenso gut erklären könnten, aber bis heute verdanke ich die wichtigsten Anstöße und Gedanken Wissenschaftler:innen und Therapeut:innen, die sich aus ganz unterschiedlichen Richtungen kommend mit dem Phänomen der Traumatisierung beschäftigt haben. Ich glaube noch immer, dass ich mit dem dort entwickelten Wissen am ehesten erzählen kann, was mir widerfahren ist. Noch immer bin ich dankbar für die vielen erhellenden und mich erleichternden Gedanken und Erkenntnisse, die ich dem *Verfolgten Selbst* verdanke. Wenn ich heute ein Buch über Trauma empfehlen sollte, dann würde ich allerdings Bessel van der Kolks *Verkörperter Schrecken. Traumaspuren in Gehirn, Geist und Körper und wie man sie heilen kann* auswählen.

Obwohl Traumata so ein präsentes Thema in der Literatur und im Film sind, bleibt das Wissen darüber oft klischeehaft und oberflächlich. Was viele zum Beispiel nicht wissen, obwohl es doch äußerst wichtig ist: Die meisten Menschen überstehen gravierende, lebensbedrohliche Erschütterungen erstaunlich gut. Sie brauchen einige Wochen oder Monate, aber dann normalisiert sich das aus den Fugen geratene Leben wieder. Es dreht sich nicht mehr alles um das schreckliche Ereignis, sie haben nicht mehr das unkontrollierbare Bedürfnis, fortwährend und ständig darüber zu reden, auch das Gefühl einer tiefgreifenden Unsicherheit löst sich wieder auf. Das bedeutet, dass das traumatische Geschehen ohne zeitliche Dimension nicht zu verstehen ist: Erst die Folgen verraten uns, ob überhaupt ein Trauma vorliegt: »... denn man kann nicht einmal mit der geringsten Sicherheit wissen, wie sich ein Trauma im Laufe eines Lebens auswirken wird, bevor dieses nicht gelebt worden ist« (Mark Freeman: 16).

Oft heißt es auch, Frauen litten nach einem Missbrauch, nach einer Vergewaltigung unweigerlich bis ans Lebensende an einer Traumatisierung. Auch wenn dieser Hinweis meist gut gemeint ist, ist er dennoch falsch. Und zwar in doppelter Hinsicht: Es gibt keine Ereignisse, die immer und jeden traumatisieren würden, weil die Folgen nicht ›nur‹ vom schrecklichen Ereignis selbst abhängen, sondern auch davon, mit welchen Bewältigungsmöglichkeiten jemand in die traumatische Situation gerät und was danach geschieht. Es gibt das Ereignis und es gibt ein Davor und ein Danach, und jeder dieser drei Aspekte spielt eine wichtige Rolle bei der Frage, ob jemand eine existentielle Verletzung seiner Seele so überleben kann, dass das weitere Leben nicht massiv davon beeinträchtigt wird. Insofern war es nicht nur absurd, dass ich von den Übergriffen meines Vaters wusste und von deren Existenz nicht *automatisch* auf das Vorliegen einer Traumatisierung bei mir schloss. Es gibt keine Automatismen. Es gibt im Gegenteil vieles, das anders ist, als wir es erwarten würden – dazu zählt auch die enorme Widerstandsfähigkeit vieler Menschen gegenüber furchtbaren Ereignissen.

In Bessel van der Kolks *Verkörperter Schrecken* heißt es:

Aus zahlreichen Untersuchungen über Reaktionen auf Katastrophen geht hervor, dass soziale Unterstützung der wirksamste Schutz gegen die schädlichen Auswirkungen von Stress und Traumata ist. Soziale Unterstützung ist nicht das gleiche, wie einfach nur mit anderen Menschen zusammen zu sein. Der entscheidende Aspekt ist die Reziprozität: dass wir uns von den Menschen in unserer Umgebung wirklich gehört und gesehen fühlen, dass wir das Gefühl haben, ein anderer Mensch bewahrt uns in seiner Seele und in seinem Herzen. Wenn wir erreichen wollen, dass sich unser Körper beruhigt, dass er heilt und sich weiterentwickelt, müssen wir viszeral ein Gefühl der Sicherheit erleben. (97)

Ein Gefühl der Sicherheit. Genau dieses Gefühl geht im Falle einer Traumatisierung verloren. Vorübergehend oder dauerhaft. Es gibt keine Sicherheit mehr. Nirgends. Jederzeit kann alles passieren.

Jederzeit kann alles passieren – das ist einerseits eine Binsenwahrheit, an deren Richtigkeit kein Weg vorbeiführt. Andererseits können wir nur leben (und nicht nur von einem Schreck zum anderen aufgescheucht durch die Gegend zucken), wenn diese Wahrheit zugleich immer wieder in den Hintergrund unseres Erlebens tritt. Wenn wir uns zumindest vorübergehend auch einmal sicher fühlen können. Bis vor ein paar Jahren habe ich ständig alles für möglich gehalten: dass Menschen, deren Verhalten mir in der Vergangenheit überhaupt keinen Anlass geboten hatte, an ihrer aufrichtigen Zuneigung oder ihrem Respekt zu zweifeln, mich ohne jede Vorwarnung beschimpfen, auslachen, verhöhnen, lächerlich machen würden. Ich hielt jederzeit für möglich, dass diese Menschen, an deren Integrität zu zweifeln ich wie gesagt keinerlei Anlass hatte, die Beziehung zu mir – auch das ohne jede Vorankündigung – beenden würden. Von einem Moment zum anderen. Mich rauswerfen würden. Sagen würden, dass sie mich nicht mehr ertragen könnten. Selten hatte ich eine konkrete Vorstellung davon, was mir zum Vorwurf gemacht werden würde, aber irgendein Damoklesschwert schwebte jederzeit unsichtbar über meinem Kopf. Ich fand es manchmal beängstigend, durch die Fußgängerzone zu gehen – was sollte die Person, die mir gerade entgegenkam, daran hindern, mir ein Messer in den Bauch zu rammen?

Man kann sich vorstellen, dass Menschen, die ein Trauma erlebt haben, alles tun, um zu verhindern, dass sie nochmals in eine solche Lage kommen. Deswegen sind sie gleichzeitig zu viel (Wo könnte etwas ›Ähnliches‹ passieren?) und zu wenig (Bloß weg hier!) damit beschäftigt. Leider hat die Strategie des Vorbeisehens, des Wegsperrens, der Abspaltung oder Dissoziation oder wie immer man es nennen möchte, einen sehr großen Haken: Sie dient wirklich nur zum Überleben. Man kann dadurch den Kopf über Wasser halten, man kann verhindern, dass man ertrinkt – aber man kann kein gutes Leben führen und noch nicht einmal ein mittelmäßiges oder bescheidenes. Man überlebt. Um zu überleben, müssen wir das Unaushaltbare zum Verschwinden bringen; um mehr als nur zu überleben, müssen wir es aus der Versenkung holen – das ist die paradoxe Logik des Traumas. Und es ist das, wovon ich versuchen möchte zu erzählen: von etwas, das auf eine gespenstische Weise immer irgendwie anwesend ist, aber zugleich nicht ›gewusst‹ wird, das nicht verfügbar ist, nicht Teil der eigenen Geschichte wird. In *Das verfolgte Selbst* heißt es:

> Das zentrale Problem bei der Traumatisierung ist, dass es den Traumatisierten nicht gelungen ist, vollständig zu realisieren, was mit ihnen geschehen ist und wie dieses Geschehen ihr Leben und Sein beeinflusst. (185)

Es ist mir fast mein ganzes Leben lang nicht nur nicht vollständig gelungen, es ist mir überhaupt nicht gelungen, zu realisieren, was mit mir los war. Was mit meiner Familie los war. Was passiert ist. Wie das sein kann. Und vieles von dem, was ohne jeden Zweifel geschehen ist, kommt mir bis heute so seltsam, rätselhaft, oft auch irrsinnig vor, vieles widerspricht so sehr den Vorstellungen, den Narrativen, die für Geschichten wie meine zur Verfügung stehen, dass ich jetzt, wo ich glaube, über eine zumindest fragmentarische Geschichte meiner selbst zu verfügen, davon erzählen will. Davon, wie es war. Oder wie es ungefähr war. Oder wie es auf keinen Fall gewesen ist, obwohl man das denken könnte. Manchmal denke ich, dass ich zumindest das erreichen möchte: davon zu erzählen, dass es anders ist, als die meisten Menschen es sich vorstellen. Als ich es mir selbst lange vorgestellt habe. Vorstellungen.

Eine schlimme, eine ›traumatische‹ Kindheit war in meiner Vorstellung eine, in der geschlagen oder getrunken wurde, in der sich der Müll und leere Bierflaschen im Flur stapelten und die Kinder von ihren im Bett liegenden betrunkenen oder depressiven Eltern zum Einkaufen geschickt wurden. Es fiel mir lange Zeit schwer, die Abwesenheit von Interesse und Aufmerksamkeit, von Liebe und von Schutz, all diese unsichtbaren Phänomene überhaupt als mögliche Ursachen meiner Probleme in Betracht zu ziehen. Und wenn ich es richtig sehe, fällt das vielen Menschen schwer. Welche Inhalte oder Ereignisse muss die Geschichte einer Kindheit enthalten, um glaubwürdig vorzubereiten, dass vierzig Jahre später ein Leben aus den Fugen gerät? Warum setzen wir (jedenfalls tun das viele Menschen, die ich kenne, und auch mir ging es ja lange nicht anders) bei sexuellen oder gewalttätigen Übergriffen eine verheerende Wirkung quasi automatisch voraus, während uns Lieblosigkeit und mangelnde Aufmerksamkeit ähnlich automatisch doch eher gewöhnlich und banal erscheinen? Als etwas, das man als erwachsener Mensch dann doch auch mal hinter sich lassen können müsste …

DIE ENTDECKUNG DER NOTWENDIGKEIT: SCHREIBEN, ALS GINGE ES UMS LEBEN

Ich hatte die Menschen immer beneidet, die für ihr Schreiben Notwendigkeit reklamieren konnten, ich hatte nicht allen geglaubt, dass sie wirklich schreiben ›mussten‹, aber ich hatte auf eine diffuse Weise geahnt, dass der mir fehlende echte Drang oder gar Druck zu schreiben die Qualität meiner Texte ähnlich limitieren würde wie das fehlende oder begrenzte Talent. In diesen Jahren des Zusammenbruchs oder der ›großen Krise‹ fing ich plötzlich an zu schreiben, als ginge es um mein Leben. Es ging um mein Leben.

Die Notwendigkeit zog mit großer Verspätung in mein Schreiben ein. Ich schrieb atemlos und so sehr mit der Suche nach passenden Bildern und stimmigen Geschichten beschäftigt, dass ich zunächst gar nicht bemerkte, was für eine große Veränderung sich durch dieses Schreiben in mir, mit mir vollzog. Ich schrieb diese Texte mit einer wilden Energie und es interessierte mich, während ich schrieb, kein bisschen, ob sie ›gut‹ waren. Ob sie literarisch wertvoll waren. Was überhaupt von ihnen zu halten war. Ich war so sehr mit dem Schreiben beschäftigt, dass ich noch nicht einmal bemerkte, dass sich auch dies änderte: Ich konnte mich zum ersten Mal in meinem Leben konzentrieren. Ich dachte an nichts anderes als an diese Texte. Stundenlang. Tagelang. Noch immer redete ich viel mehr mit mir, als ich es wollte, noch immer konnte ich es nicht kontrollieren. Aber endlich war ich auch mit anderem beschäftigt, sehr beschäftigt. Es kommt mir so vor, als ob mein lebenslanges Plappern und Reden in dieser Zeit endlich eine Richtung, einen Inhalt, einen Sinn bekommen hätte. Die Worte, die durch meinen Kopf zogen, waren nun nicht mehr ausschließlich Teil dieser mir oft so sinnlos erscheinenden Selbstgespräche, sondern sie wurden zu Satzanfängen, Ideen. Es waren Worte, aus denen Texte werden konnten, oft auch wirklich wurden. Zu schreiben schien die einzige Möglichkeit, zumindest etwas Klarheit in die verstörende Ratlosigkeit meiner Gedanken und Gefühle zu bringen, die einzige Möglichkeit, eine Vorstellung davon zu entwickeln, wie aus mir eine Person hatte werden können, die an einem Abgrund steht und ihn nicht sieht.

Auch dieses Bild tauchte in dieser Zeit plötzlich auf. Anfangs machte die Frau noch Kniebeugen – mit irgendetwas musste sie ja beschäftigt sein, irgendetwas musste sie ja auf eine absurde Weise ablenken von dem, was unmittelbar und eigentlich unübersehbar vor ihr lag. Aber Kniebeugen sind zu anstrengend, niemand kann ständig Kniebeugen machen, also gab ich ihr Bälle in die Hand und ließ sie jonglieren (was ich selbst recht ausdauernd konnte). Als mir das Bild von der am Abgrund stehenden Frau in den Sinn kam, habe ich zunächst mit großem Unverständnis, mit ratlosem Ärger, ja sogar mit Verachtung auf diese Frau, auf mich selbst geschaut: Wie konnte ich so blind gewesen sein? Wie konnte ich übersehen haben, was alles nicht mit mir stimmte? Obwohl ich sie mir selbst ausgedacht hatte, habe ich lange nicht verstanden, dass auch die Frau am Abgrund nicht die Verrückte ist, als die ich sie mir (als die ich mir mich) lange Zeit vorstellte. Ich habe lange gebraucht, um zu begreifen, dass sie nicht trotz des Abgrunds jongliert, sondern wegen ihm. Sie darf ihn nicht sehen, sonst würde sie, angesichts der gefährlichen Lage, in der sie sich befindet, vollkommen aus dem Gleichgewicht geraten und abstürzen. Den Abgrund nicht zu sehen, ist ihre einzige Überlebenschance. Gerade weil sie auf eine diffuse, unklare Weise von ihm weiß, ist sie zur Blindheit gezwungen. Besser als mit diesem Bild (das habe ich mittlerweile begriffen) kann ich nicht erzählen, wie ich große Teile meines Lebens verbracht habe: indem ich alle Energie darauf richtete, den Riss, der durch mein Leben ging, nicht zu sehen. Ich musste ihn bestreiten und für eine Einbildung, eine Übertreibung halten.

Es gab so vieles, das ich mir nicht erklären konnte. Wie hatte ich nach der ersten Therapie so lange denken können, ich sei aus dem Gröbsten heraus? Ich stellte mir Holzbohlen vor, drei, vielleicht auch vier Zentimeter dick. Und unbehandelt. Das war wichtig. Nur wenn sie unbehandelt sind, ist es möglich, dass sie mit der Zeit so stark verrotten, vergammeln, dass sie brüchig werden – denn darauf kam es an. Aber zunächst sind sie belastbar. Man kann darauf herumlaufen, und wenn man mehrere von ihnen eng nebeneinander legt, kann man noch nicht einmal erkennen, was sich darunter befindet. Vielleicht ein Loch, ein Graben, vielleicht auch nur eine kleine Unebenheit, aber selbst wenn es ein tiefer Spalt, möglicherweise ein Abgrund wäre – es ist nicht zu sehen, nicht zu erkennen, solange diese schönen, starken, belastbaren Holzbohlen dort liegen. Irgendwie so, stellte ich mir vor, musste es sich zugetragen haben: In der ersten Therapie hatte ich die gefährlichen Bereiche meines Lebens, meiner Vergangenheit markiert, ich hatte mir provisorische Lösungen erarbeitet, ich hatte eine neue Bewegungsfreiheit erlangt – aber ich hatte ignoriert, dass da noch immer etwas in meinem Inneren rumorte, dass ich nur eine vorübergehende Sicherheit und Stabilität gewonnen hatte. Und nun saß ich in einer Trümmer-Landschaft und wusste nicht, wo ich hintreten konnte, wo sich unter den morsch gewordenen Holzbohlen Löcher befanden oder gar ein Abgrund.

Warum hing ich noch immer an meiner Familie, warum kümmerte ich mich – trotz allem – freundlich um meine Eltern? Ich stellte mir eine unsichtbare Nabelschnur vor, die Mutter und Kind verbindet und die sich auflöst, sobald genug Liebe durch sie hindurchgeflossen ist. Und wenn dies nicht geschieht? Dann löst sie sich nicht auf und verbindet, und kettet sogar die erwachsen gewordenen Kinder an ihre Eltern – die weiterhin auf der Suche sind nach der Liebe ihrer Eltern.

Ein, zwei Jahre lang schrieb ich in immer wieder neuen Versionen an einem Text, der meistens den Titel *Licht* hatte und in dessen Mittelpunkt ein Kind steht, das allein in einem Raum lebt, dessen Fenster und Türen nur selten geöffnet werden, so dass das Kind nur selten und ohne jede Vorhersehbarkeit in den Genuss des eigentlich dringend benötigten Lichtes kommt:

Das Kind tut nun, was ihm das einzig Mögliche zu sein scheint, das Kind beschließt, den Kampf um Licht zu beenden. Wenn es kein Licht gibt, gibt es kein Licht. Dass etwas schön ist, heißt noch lange nicht, dass man es auch braucht. Und wenn man es nicht bekommt und trotzdem weiterleben kann, dann braucht man es ja offenbar nicht unbedingt, sonst würde man ja nicht weiterleben. Und dieses ständige Grübeln, ob und wie man es bekommen kann, soll ein Ende haben, findet das Kind und versucht von nun an, so wenig wie möglich an Licht zu denken, danach Ausschau zu halten oder es sich auch nur zu wünschen. Tatsächlich reagiert das Kind von da an kaum noch, wenn die Fenster geöffnet werden. Es redet weiter vor sich hin, geht seinen kleinen Spielereien nach und gerät, wenn überhaupt, dann nur scheinbar zufällig in den Lichtschein. Falls das Kind Licht und

Wärme in diesen Momenten genießt, dann zeigt es das jedenfalls
nicht. Es scheint vor allem mit sich selbst beschäftigt zu sein.

Mit diesem Text versuchte ich (vor allem mir selbst, aber in meiner Hoffnung natürlich auch Frau H.) zu erklären, was mir eine Zeitlang am unverständlichsten erschien an diesem ›Zusammenbruch‹: warum er jetzt passierte, da ich der freundlichen Frau H. gegenübersaß. Warum freute ich mich nicht über den ›Zugewinn‹ an Freundlichkeit, Aufmerksamkeit und Unterstützung, sondern geriet stattdessen in das Gefühl eines existentiellen Mangels?

Ich versuchte mir auch vorzustellen, was es für das zehn Monate alte Baby, das ich einmal gewesen war, bedeutet hatte, plötzlich nicht mehr von seiner Mutter, seinen lärmenden Brüdern, seinem Vater umgeben gewesen zu sein. Ich spekulierte, wie es ein paar Jahre später gewesen sein mochte, wenn meine Mutter nicht ›da‹ war oder ich selbst verschwand, unsichtbar wurde:

Einmal fühlt sich das Mädchen so unsichtbar, dass es sich versteckt,
weil es ganz unbedingt gefunden werden möchte. Die Mutter sitzt
am Esstisch und das Mädchen legt sich unter die Anrichte, die dane-
ben steht. Vom Tisch aus ist sie nicht zu sehen und sie ist sich ganz
sicher, dass die Mutter nicht beobachtet hat, wie sie unter die Anrichte
gerobbt ist. Sie liegt dort auf dem Bauch und wartet. Es ist ja ganz
normal, dass der Mutter ihr Fehlen nicht sofort auffällt, sie könnte
ja auch gerade durch die kleine Wohnung streifen. Sie wartet weiter.
Vielleicht denkt die Mutter jetzt, dass sie im Zimmer der Brüder
sei oder auf der Toilette. Sie wartet, bis sie denkt, dass der Mutter
jetzt eigentlich klar sein müsste, dass die Brüder sie längst aus ihrem
Zimmer geworfen hätten. Sie wartet weiter, obwohl sie es kaum aus-
halten kann. Sie hört etwas. Sie will es aber nicht hören, deswegen
hält sie sich die Ohren zu. Aber die Stimme geht nicht weg. Sie will

das nicht hören, sie will nicht hören, dass niemand sie vermisst, sie braucht, sie liebt. Und wenn diese Stimme so hartnäckig ist, wenn sie gar nicht aufhören will, ihr diese schlimmen Sachen zu erzählen, die das Mädchen nicht hören, nicht ertragen kann, dann gibt es nur eine Möglichkeit – sie muss dagegen anreden, muss lauter reden als die Stimme. Das Mädchen fängt an zu reden und es redet immer weiter, wer weiß, ob die Stimme noch da ist, wer weiß, ob sie zurückkommt. Alles ist besser, als diese Stimme zu hören.

Ich wusste nicht, ob es diese oder eine ähnliche Situation gegeben hatte. Es kam mir so vor, aber es schien mir nicht besonders wichtig zu sein. Ich war nicht auf der Suche nach der Wahrheit eines *So, genau so ist es gewesen*. Ich suchte vielmehr nach einer Möglichkeit. Nach einer Möglichkeit, zumindest einige der mir so unverständlichen Brocken, in die meine bisherige Geschichte zersprungen war, wieder in einen Zusammenhang zu stellen. Ich schrieb in diesen Jahren viele Texte, die ganz anders waren als alles, was ich vorher oder nachher geschrieben habe, ich schrieb Texte, die symbolhaft aufgeladen waren, die allegorisch waren, die keine Angst vor Pathos oder Märchenanklängen hatten – was ich weder vorher noch nachher besonders mochte. Und nachdem ich in diesen Texten untergebracht hatte, was offenbar notwendig untergebracht werden musste, und mir mit den darin enthaltenen Bildern erklärt hatte, was mit mir los war und warum es mir so schwerfiel, an die Möglichkeit von Liebe und Zuneigung und Respekt und derlei mir ja doch recht utopisch vorkommendem Zeug zu glauben, fing ich an, realistischere Texte zu schreiben. Texte, die vor allem das Absurde, das Groteske meiner Erfahrungen aufnahmen. Texte, die von der unklaren, diffusen Grenze zwischen Normalität und Verrücktheit erzählen, von den unsichtbaren Katastrophen, die sich in vermeintlich ganz normalen Familien ereignen oder anbahnen können; Texte, die vom Irrsinn erzählen und wie er sich so ausbreiten kann, dass er nicht mehr zu erkennen, nicht mehr einzufangen, nicht mehr zu begrenzen ist.

»Es wäre doch schön, sagte meine Mutter gerne«, war so ein Satz, der an einem Sonntagnachmittag auf einmal ›da‹ war. Und als ich ihn direkt aufschrieb, weil er mir gefiel, war ich erstaunt, dass sofort noch viel mehr ›da‹ war:

Es wäre doch schön, sagte meine Mutter gerne, es wäre doch schön, wenn wir, wie andere Familien auch, einfach mal zusammen einen Ausflug machen könnten. Oder, es wäre doch schön, wenn wir uns einmal wie ganz normale Menschen unterhalten könnten. Sie sah dann mit Bedauern und Mitgefühl in die Runde, sie sah wohl so etwas wie Rollstühle und Krücken und uns den Mund verklebende Pflaster klar und deutlich vor sich und manchmal sagte sie dann ein abschließendes: Schade! Wenn meine Mutter einen schlechten Tag hatte, dann sagte sie nicht, es wäre schön, dann sagte sie, mit euch. Mit euch kann man nicht ein vernünftiges Wort wechseln, mit euch kann man keinen Schritt vor die Tür machen.ʼ

Zu meinem eigenen Erstaunen entwickelte sich aus einem Satz, mit dem ich noch überhaupt keine Idee, keine Vorstellung verbunden hatte, innerhalb weniger Stunden eine stimmige Geschichte, die davon lebt, dass Kinder Ironie, das sogenannte uneigentliche Reden, zunächst nicht verstehen, nicht verstehen können. Deswegen nehmen die Kinder in *Es wäre schön* zunächst wörtlich, was die Mutter sagt – und verstehen es nur unter der Prämisse, dass mit der *Mutter* etwas nicht stimmt, dass *sie* nicht richtig sehen kann oder sich aus einem anderen Grund falsche Vorstellungen von ihnen macht. Und weil der älteste Sohn ihr schließlich unbedingt beweisen will,

wie normal sie doch sind, stiftet er die beiden jüngeren Brüder an, sich einmal *wirklich* verrückt zu verhalten. Dann muss
die Mutter doch erkennen, dass sie ›eigentlich‹ ganz normal
sind. Dann muss doch alles gut werden. Aber es kommt (natürlich) anders:

*Thorsten Kai, der wegen seiner Vernünftigkeit als Einziger von uns
einen Hausschlüssel hatte, schloss die Tür auf und gab uns einen
kleinen Schubs, was uns auch schon wieder so irre komisch vorkam,
dass wir stolpernd an der Garderobe entlang lachten, und weil die Tür
zum Wohnzimmer auf war, schepperten wir ohne Verzögerung ins
Wohnzimmer, in dem meine Mutter mit einer Nachbarin saß, was
wir vorher nicht gewusst hatten, und wir lachten und kugelten um
das Sofa, auf dem sie saßen, herum und zogen unsere Schuhe, dann
unsere Strümpfe aus, wir wälzten uns wie Käfer auf dem Boden und
zeigten uns unsere Zehen, wir merkten, dass wir tatsächlich noch viel
verrückter waren, als wir es je für möglich gehalten hätten, und sahen
nicht unsere Mutter, die zunächst den Kopf schüttelte, ihn dann in
den Händen barg und später wohl auch schrie, wir schrien ja selber.
Wir bemerkten zunächst noch nicht einmal, dass wir irgendwann
alleine waren, dass die Nachbarin und dann die Mutter den Raum
verlassen hatten.*

*Die Mutter hatte nicht nur das Wohnzimmer verlassen, sondern
gleich die Wohnung, sie hatte sie auch nicht wirklich verlassen, wenn
man sich unter verlassen so etwas wie einen geordneten Rückzug vor-
stellt, sondern sie war geflohen, sie war gerannt, sie war, auch sie war
gestolpert, aber nicht im Flur oder gegen die Wohnzimmertür, sie war
nirgendwo gegengescheppert, sondern runtergeflogen, ohne natürlich
wirklich fliegen zu können, sie war also zwar geflogen, aber nicht
gelandet oder doch schon gelandet, aber eben nicht gut, nicht glatt oder
vielleicht sogar zu glatt, sie war jedenfalls so gelandet, auf der Treppe
gelandet, dass sie sich nicht mehr bewegte. Nie mehr bewegte.*

Muss das sein?, fragten mich die beiden befreundeten Schriftstellerkolleginnen. Muss sie wirklich tot sein? Ich empfand sehr klar: Sie muss tot sein. Nicht wegen *meiner* Mutter. Nicht wegen dem, was sie getan oder nicht getan hatte, schon gar nicht, weil ich ihr etwas ›antun‹ wollte. Das alles hätte eher dagegen gesprochen. Dass die Mutter am Ende durch einen offenbar tragischen Unfall stirbt, musste sein, weil der Text in einer Katastrophe enden muss. Weil es nicht nur um bedauerliche Missverständnisse geht, wie es sie überall geben kann. Wenn es die Kinder sind, die die Verantwortung übernehmen müssen, wenn sie alles daran setzen, dass es ›gut‹ wird, wenn sie versuchen Normalität (wieder)herzustellen, dann ist das – so still, so unsichtbar es sich ereignet – eine Katastrophe. Und für die von mir selbst so lange unbemerkte Katastrophe, die das in meinem Leben gewesen war, musste es endlich einen Ort, eine Geschichte geben.

Wie war ich bloß in dieses Leben geraten, an dem mir plötzlich alles anders zu sein schien, als ich immer gedacht hatte? Zu schreiben schien die wichtigste Möglichkeit, zumindest etwas Klarheit in die verstörende Ratlosigkeit meiner Gedanken und Gefühle zu bringen. Erstmals betrat ich einen neuen, einen symbolischen, metaphorischen Raum. Endlich hörte ich auf, mich zu beschimpfen. Es war eine große Befreiung und Erleichterung: Endlich fand ich Worte, die eine Verbindung zu der »Krypta am Grunde meiner Seele« (Boris Cyrulnik 2014: 150) herstellten. Die inneren Räume, die ich betrat, die Texte, mit denen ich von diesen schwierigen Entdeckungsreisen zu erzählen versuchte, ließen immer weniger Zweifel daran, dass es einen lebensbedrohlichen Mangel in meinem Leben gegeben hatte, dass ich Verlorenheit und Verlassenheit in einem Ausmaß erlebt hatte, das ich nicht hatte ertragen können. Das Gefühl einer existentiellen Bedrohung, dem ich bei Frau H. begegnete, dem ich schreibend Ausdruck gab, war ein Echo. Aber auch ein Echo ist ja ein echtes Geräusch, ist wirklich ›da‹, auch wenn es nicht aus sich selbst heraus tönt. Wenn mich ›das Echo‹ schon als erwachsene Frau an die Grenzen meiner psychischen Bewältigungsmöglichkeiten (und manchmal auch darüber hinaus) brachte, wenn ich bereits ›durchdrehte‹, kaum dass ich in seine Nähe geriet, dann war es vielleicht gar nicht so erstaunlich, dass ich mein Leben lang alles daran gesetzt hatte, es zu übertönen, ihm aus dem Weg zu gehen. Es. Aber was genau war das ursprüngliche Trauma gewesen? Oder nein, nicht Trauma. Ein Trauma, das dachte ich ja insgeheim noch immer, war dann doch etwas Größeres …

UND NUN DOCH – EINE SCHLÜSSELSZENE?!

»Nur ganz am Rande« hätten die Erinnerungen, die der jüngere meiner beiden älteren Brüder seit zwei Jahren hatte, mit mir zu tun, hatte mir der ältere gesagt. Er kannte den Inhalt der Erinnerungen. Meine Schwester auch. Alle kannten sie, nur ich nicht. Nur ich war um die Frage herumgeschlichen, ob ich davon erfahren wollte. Es ging mir ja sowieso schon ziemlich schlecht in dieser Zeit. Zum ersten Mal in meinem Leben, so kam es mir vor, ging es mir wirklich richtig schlecht in diesen ersten Jahren der zweiten Therapie. Zwei Jahre lang war meine Angst vor den Folgen dieser neuen Informationen noch größer als mein Wunsch, endlich mehr darüber zu erfahren, was überhaupt geschehen war. Ich hatte Angst vor Bildern, die mich heimsuchen würden. Was, wenn dieses scheußliche Körpergefühl, das mich oft plagte, mich gar nicht mehr verließe? Wenn noch weitere Bedrängungen hinzukämen? Vielleicht würde es schwieriger, belastender, ohne zugleich besser, weil klarer zu werden? Eine unmögliche Situation: Wie sollte ich entscheiden, ob ich ein Wissen, von dem ich nicht wusste, wie es sich auf mich auswirken würde, erlangen wollte? Auch mein Bruder konnte es unmöglich einschätzen. Niemand konnte das. Vielleicht wollte ich von den Erinnerungen meines Bruders auch deswegen so lange nichts wissen, weil ich angesichts der ganzen Unsichtbarkeit, mit der ich zu kämpfen hatte, keine weitere Geschichte hören wollte, in der ich nur als Nebenfigur auftauchte, ganz am Rande …

An dem Tag, an dem es dann schließlich so weit war, entstand meine Bitte um Aufklärung eher aus einem spontanen Impuls als aus einer gereiften Entscheidung heraus. Ich telefonierte mit meinem Bruder, dessen Gedächtnis in diesen Jahren immer wieder wie ein Vulkan Erinnerungen ausspuckte, die zuvor verborgen gewesen waren. Wir waren auf Umwegen und eher zufällig mal wieder bei »der Sache« gelandet, die ja nicht aufhörte ein Thema zu sein, nur weil ich keine »Details« wissen wollte. Auf einmal erschien mir unser ausweichendes und vorsichtiges Reden miteinander so absurd, dass ich meinen Mut zusammenklaubte. So erfuhr ich von dem, was ich von da an die »Badezimmer-Szene« nannte und was im Aufschreiben direkt diese ›indirekte‹ Form annahm:

Ich bin nicht der Junge. Ich bin das Mädchen. Aber es sind die Augen des Jungen, mit denen ich sehe, wie das etwa drei Jahre alte Mädchen am Frühstückstisch sitzt. Der Junge ist einer meiner beiden Brüder und er ist vielleicht sieben oder acht Jahre alt. Es ist ein Samstagmorgen und es könnte ein schöner Tag werden. Der Samstag ist der einzige Tag in der Woche, an dem in Ruhe und gemeinsam gefrühstückt werden kann. Es droht keine Schule und kein Arbeitsbeginn, es gibt auch keinen Gottesdienst, dessen bevorstehender Besuch dem Sonntagmorgen oft Unruhe und Hektik verleiht.

Ich sehe, wie der Vater aufsteht und die Hände nach dem Mädchen ausstreckt, es auf den Arm nehmen will, und ich sehe, wie das Mädchen sich wehrt. Es schlägt um sich und vielleicht schreit es auch, es will auf keinen Fall dahin, wohin es soll, es will nicht ins Badezimmer gebracht werden.

Der Junge, durch dessen Augen ich all das sehe, dieser kleine Junge weiß, wie ungewöhnlich das Verhalten des Mädchens ist, das doch eigentlich ein braves, ruhiges, freundliches Kind ist. Er will dem Mädchen helfen, er spricht die Mutter an, erhofft sich die entscheidende Unter-

stützung von ihr. Sieh doch, sagt er zur Mutter. Sie will nicht mitgehen. Sie will nicht!

Und tatsächlich reagiert die Mutter. Tatsächlich unternimmt sie an diesem Tag einen kleinen, zaghaften Versuch zu verhindern, dass der Vater mit der Tochter im Badezimmer verschwindet. Sie sagt: Lass sie doch. Der Vater regt sich auf. Was das denn solle. Wo leben wir denn, wenn ein Vater noch nicht einmal mehr seine Tochter baden darf?

Die Mutter könnte erwidern, dass er sich doch auch sonst nicht um die Versorgung der Kinder kümmere oder um den Haushalt, dass er seine Söhne nicht gebadet habe, und sie könnte darauf hinweisen, dass es ein Vormittag sei und die Kinder doch immer erst am Samstagnachmittag gebadet würden.

Sie sagt das alles nicht. Sie sieht zu, wie der Vater das um sich schlagende und schreiende Mädchen nimmt, wie er es in das Badezimmer trägt, und sie sagt zu dem Jungen: Er wird ihr schon nichts tun.

Der Junge wartet eine kurze Weile, dann nutzt er die Unaufmerksamkeit der Mutter und rennt an ihr vorbei zum Badezimmer. Er öffnet die Tür.

Das Mädchen steht in der Badewanne und schaut ihn so verzweifelt und so hilfesuchend an, dass er diesen Blick vierzig Jahre lang nicht vergessen kann, dass er ihn vierzig Jahre lang nicht erinnern kann.

Es war kein Unfall!

Innerhalb der Stunde, die unser Telefonat dauerte, hatten sich meine Eltern in Monster verwandelt. Sollte es daran noch den Hauch eines Zweifels gegeben haben, dann wurde er von den weiteren Episoden vertrieben, die mir mein Bruder erzählte. Er erinnerte sich mittlerweile wieder sehr genau, wie er sich hilfesuchend an seinen Klassenlehrer in der Grundschule gewandt hatte und daraufhin von meinen Eltern zu einer vor der Familie abzugebenden Entschuldigung gezwungen wurde. Zwei Tage redeten meine Eltern nicht mit ihm, dann entschuldigte er sich, sagte aber im nächsten Atemzug zu mir, wenn wieder etwas wäre, solle ich es ihm sagen, er würde erneut zu seinem Lehrer gehen. Jahre später versuchte er, eine Radtour meines Vaters mit meiner Schwester zu verhindern, als er bei ihr die gleiche Angst oder Verstörung oder das »Sichsträuben« wahrgenommen hatte, das ihm bei mir aufgefallen war. Er ließ die Luft aus dem Fahrradventil meines Vaters. Aus dem Ventil eines Fahrrads, auf dem vorne auf der Stange ein schalenartiger Kindersitz angebracht war. Wir waren bei diesen Radtouren noch so klein, dass wir in einem solchen Schalensitz transportiert werden konnten.

Diese Radtouren waren genauso untypisch für meinen Vater, der ja sonst überhaupt nichts mit uns machte oder unternahm, sie fielen ebenso aus dem normalen Rahmen seines Verhaltens wie das Baden. Diese Radtouren, an die ich eine vage Erinnerung gehabt hatte, von denen ich gedacht hatte, wenigstens da hat er sich mal um mich gekümmert, bekamen nun einen ganz anderen Hintergrund. Ich erfuhr, wie mein Vater meinen Bruder dafür bestraft hatte, als er ihn dabei erwischte, wie er die Luft aus dem Reifen ließ: Mein Vater tat zunächst so, als sei alles in Ordnung, er forderte meinen Bruder auf, mitzukommen und sich selbst zu überzeugen, wie harmlos dieser Ausflug sei – und zwang ihn, als der uneinsehbare Ort am Siegufer erreicht war, hinter einem Busch zu warten, bis mein Vater mit meiner Schwester wieder auftauchte.

Mein Bruder sprach nicht nur mit seinem Lehrer, er appellierte auch an meine Mutter. Aber meine Mutter war nicht zu erreichen. Stattdessen fragte sie ihn: »Und wenn er ins Gefängnis kommt, wer soll uns dann ernähren? Willst du etwa der Ernährer dieser Familie sein?«, und machte deutlich, dass mit ihrer Unterstützung nicht zu rechnen war: »Das musst du erst einmal beweisen.«

Es war kein Unfall gewesen! Alles war anders und nun doch viel ›schlimmer‹ gewesen: Die Übergriffe waren nicht die seltenen, alkoholbedingten ›Ausrutscher‹, als die ich sie mir immer vorgestellt hatte, ich war ihnen viel früher ausgesetzt, als ich für möglich gehalten hatte, meine Schwester hatte schrecklich lange unter ihnen zu leiden – und meine Mutter hatte das alles gewusst. Das war unmöglich! Unmöglich, dass es war, wie es gewesen war. Unmöglich, es zu verstehen, es sich vorzustellen. Unmöglich, davon zu erzählen.

Bessel van der Kolks Buch *Verkörperter Schrecken* enthält den Abdruck eines Bildes, das eine Frau gemalt hat, aufgefordert, ihre Familie dazustellen. Das Bild zeigt eine Familie im Bann eines riesigen Penis. Die Frau, die das Bild gemalt hat, nimmt an einer therapeutischen Gesprächsgruppe des Autors teil und eines Tages, berichtet van der Kolk, teilt sie im Anschluss an den Bericht einer anderen Teilnehmerin mit, dass sie sich gerade die Frage stelle, ob sie vielleicht auch in der Vergangenheit von sexuellen Übergriffen betroffen gewesen sei. Van der Kolk schreibt dazu:

> Mir fiel die Kinnlade herab. Aufgrund ihres Familienportraits hatte ich immer angenommen, dass ihr dies irgendwie klar sein müsste. […] Doch obwohl sie ein Mädchen gezeichnet hatte, das offensichtlich sexuell belästigt wurde, hatte sie – oder zumindest ihr kognitives, verbales Selbst – nicht die geringste Ahnung, was wirklich mit ihr geschehen war. Ihr Immunsystem, ihre Muskeln und ihr Furchtsystem hatten alle festgehalten, was sie erlebt hatte, doch ihrem Bewusstsein fehlte eine Geschichte, mit deren Hilfe sie das Erlebte hätte mitteilen können. (154)

»Dass ihr dies irgendwie klar sein müsste« hatte van der Kolk erwartet, trotz seiner umfangreichen Erfahrung hatte er sich geirrt, trotz seiner umfangreichen Erfahrung und seiner ansonsten sehr präzisen Sprache gerät auch er hier ins Ungefähre: Irgendwie … Noch nicht einmal auf die Worte ist Verlass. Selbst sie lösen sich auf, und für kaum ein Wort scheint das in diesem Kontext so sehr zu gelten wie für das Wort *wissen*. Die Frau, von der van der Kolk berichtet, ›weiß‹ von dem, was geschehen ist, sonst könnte sie dieses Bild nicht zeichnen, das an Klarheit nicht zu übertreffen ist – und gleichzeitig verfügt sie nicht über dieses Wissen. Es ist da und zugleich nicht da.

Ich habe erst beim Schreiben dieses Textes verstanden, auf wie viele sehr unterschiedliche Weisen die sexuellen Übergriffe meines Vaters in meinem Leben nicht stattgefunden haben, nicht ›da‹ waren, wie viele Gründe es für mich gab (und ähnlich für andere gab und gibt), nicht von ihnen erzählen zu können: zunächst, weil ich keine Erinnerungen an etwas hatte, das ich mit diesem Begriff in Zusammenhang gebracht hätte – auch wenn ich heute sicher bin, dass ich mich, dass sich mein Körper oder Teile meines Selbst immer irgendwie (wie die Frau mit dem Bild) daran erinnert habe(n). Ich wusste immer, dass ich die feuchten Küsse meines Vaters höchst unangenehm fand, ich habe immer seine körperliche Nähe gemieden, ich fand es immer selbstverständlich, dass auch erwachsene Frauen versuchten, ihn auf Abstand zu halten, vor allem, wenn er betrunken war. Aber das schien doch irgendwie harmlos. Unangenehm, aber sicherlich nicht das, was ich mir, was die meisten Menschen sich unter ›sexuellen Übergriffen‹ vorstellen.

Es kommt mir selbst absurd vor, aber ich kann mich noch nicht einmal erinnern, ob ich mit Dr. G. während der ersten

Therapie überhaupt über den Verdacht gegenüber meinem Vater gesprochen habe. Wahrscheinlich nicht, habe ich bis vor Kurzem gedacht, wenn ich es getan hätte, wüsste ich es doch! Aber dann las ich für diesen Text in alten Briefen aus dieser Zeit und staunte über den Brief einer Freundin, die von ihrer Erleichterung schrieb, dass mich der von ihr geäußerte Verdacht, es könne in unserer Familie sexuelle Übergriffe gegeben haben, von denen womöglich auch ich betroffen gewesen sei, weder verstört noch überrascht habe.

Haben wir in der ersten Therapie also darüber gesprochen, aber es hat keine große Rolle gespielt, es ist mir nicht erinnerlich, weil ich so sicher war, dass ich davon »nur am Rande« betroffen gewesen war? Oder dachte ich zu der Zeit schon, dachte ich noch, dass die sexuellen Übergriffe meines Vaters eine Art Unfall gewesen waren? Dass sie zumindest für mich keine ernsthaften Folgen gehabt hatten?

Ich habe im Laufe meines Lebens so vieles so Unterschiedliches gedacht, geahnt, befürchtet, für möglich, für wahrscheinlich, für gewiss gehalten und es hat sich immer wieder gedreht und verändert. Ich weiß nicht, ob wir darüber geredet haben, aber was ich noch sicher weiß: Als feststand, dass die Therapie in Bonn auf jeden Fall enden würde, weil mein Umzug nach Bremen unmittelbar bevorstand, als klar war, dass das, was ich dort sagte, keine wirklichen Konsequenzen mehr würde haben können, da habe ich den Deckel des Fasses ein winziges Bisschen angehoben (so kommt es mir heute vor) und mich selbst und Dr. G. gefragt, ob die »Jungenrolle«, in die ich mich so entschieden begeben hatte, mit meinem Vater und seinem Verhalten, seinen Erwartungen zu tun gehabt haben könne? War ich ein Junge geworden, um unattraktiv für ihn zu sein, um mich vor ihm zu schützen?

Als ich diesen Brief der Freundin las, war ich überrascht, wie viel ich schon damals ›wusste‹ und wie wenig ich es zugleich erfasst hatte. Aber so richtig wusste ich es eben auch nicht! Ganz sicher wusste ich nur von den feuchten Küssen, von meinem Unbehagen und von der Ahnungslosigkeit, in der wir Kinder uns den größten Teil unseres Lebens befunden haben.

Es gibt eine Episode, die das Ausmaß dieser Ahnungslosigkeit belegt und von der ich nicht sagen kann, wann genau sie stattgefunden hat, aber ich vermute, dass ich noch zur Schule ging, vielleicht war ich 17 oder 18 (was wiederum bedeutet, dass meine Brüder Anfang, Mitte 20 waren, sie sind fünf und sieben Jahre älter als ich). Auf jeden Fall sprachen wir über meine Schwester, die drei Jahre jünger ist als ich. Über die ganz erheblichen Schwierigkeiten, die sie hatte, und ob oder wie wir ihr vielleicht helfen könnten. Aber was war denn überhaupt los mit ihr? Warum ging es ihr so schlecht?

Er habe, sagte der ältere meiner Brüder, er habe sich gefragt, ob unsere Schwester eventuell sexuell missbraucht worden sein könne. Der Bruder, der das sagte, arbeitete seit einiger Zeit mit Kindern. Aber ohne dass er sein berufliches Wissen hätte einbringen müssen, nickten wir beiden anderen. Mir fiel eine Episode, eine Auffälligkeit ein, die sich vielleicht so erklären ließe. Auf einmal, so kam es uns vor, passte vieles, vielleicht alles zusammen. Aber wer kam als Täter in Frage?

Wir gingen mit großer Ernsthaftigkeit alle möglichen Männer durch, zu denen es Kontakte gab. Nachbarn, Väter von Freundinnen, Verwandte. Versuchten uns zu erinnern, wie die Schwester auf sie reagiert hatte. Ob irgendetwas auffällig gewesen war. Schwer zu sagen. Ob auch der Vater in Frage käme, fragte schließlich einer der beiden. Tja … Wir dachten nach. Vorstellen konnten wir es uns offenbar. Irgendwie. Nein, Unsinn, wir konnten uns das nicht vorstellen, aber es erschien uns auch nicht ausgeschlossen. Nicht vollkommen ausgeschlossen. Nicht so ausgeschlossen, wie es uns vielleicht auch hätte erscheinen können …

Es gibt da ein Foto, sagte der jüngere Bruder. Also, das höre sich jetzt vielleicht völlig bescheuert an, aber ob wir uns auch an dieses Foto erinnern könnten, auf dem der Vater in einem schwarzen Anzug zu sehen sei, in der Hocke hinter einem der beiden Mädchen, er wisse nicht, ob es meine Schwester oder ich sei, die da vor ihm stehe, in einem weißen Kleidchen und noch ganz unsicher, staksig auf den Beinen, aber ob wir nicht auch fänden, dass der Vater auf diesem Foto so eine ganz enorme Ähnlichkeit habe mit dem Gert Fröbe, dem Schauspieler, der in der Verfilmung von *Es geschah am helllichten Tag* den »Kinderschänder« spiele … Natürlich sei das kein Beweis oder Hinweis und noch nicht mal ein Indiz, aber irgendwie sei es ihm gerade eingefallen … Wir waren junge Erwachsene und der Gedanke an sexuelle Übergriffe, die sich inmitten unserer Familie ereignet haben könnten, stützte sich zu diesem Zeitpunkt also auf keinerlei Erinnerungen.

Erst kürzlich, erst im Zusammenhang mit der Entstehung dieses Textes, erzählte mir einer meiner Brüder von der Einsicht meines Vaters, die er relativ kurz vor seinem Tod ihm gegenüber geäußert habe, »dass er ›das‹, was den Mädchen angetan habe, nicht wiedergutmachen könne«, und ich fragte mich, warum mein Bruder mir das nicht schon früher einmal erzählt hatte – bis mir einfiel, dass er es mir früher bereits (mindestens einmal) erzählt hatte. Aber ich hatte es nicht in meinem Gedächtnis festhalten können. Und mein Bruder auch nicht, auch er hatte es zwischendurch wieder vergessen, es war seine Frau, die die Erinnerung bewahrt hatte …

Vielleicht kann man es sich so vorstellen, als hätten wir alle an einem äußerst schlechten Gedächtnis gelitten, aus dem manchmal für einen sehr kurzen Moment etwas auftauchte – und dann wieder verschwand. Versank. Keiner von uns konnte das, was da alles mit der Zeit an die Oberfläche kam, festhalten. Obwohl es, weil es so wichtig gewesen war. Etwas war da – und war zugleich nicht da. Manchmal tauchte etwas auf, aber weil ich es mir nicht vorstellen konnte, zweifelte ich immer wieder daran, ob es überhaupt geschehen war. Und selbst wenn ich gerade nicht am Offensichtlichen zweifelte, wusste ich kaum mehr, als dass es etwas gegeben hatte, das sich als sexueller Übergriff bezeichnen ließ. Es gab kaum Details. Keine Erzählung. Noch nicht einmal ein »und dann«. Nur: Da war etwas. Vielleicht. Ziemlich sicher. Sicher. Es war ein schleichender Prozess, während dessen sich bei mir und meinen Geschwistern allmählich die Überzeugung herausbildete, dass es sexuelle Übergriffe unseres Vaters gegeben hatte. Es gab nicht den einen Moment, den einen Beweis, der alles geklärt hätte, es war, als wenn sich in einer nebligen Landschaft allmählich immer klarer ein Gegenstand abzeichnet, bis es schließlich dieser und kein anderer mehr sein kann.

Auch Thordis Elva ›wusste‹ lange nicht, was ihr widerfahren war, weil sie eine klare Vorstellungen davon hatte, was eine Vergewaltigung ist, und es keine Überschneidung gab zwischen ihrer Vorstellung von ›Vergewaltigern‹ und dem netten Austauschschüler, in den sie sich verliebt hatte und der ihr erster Freund wurde. Mit dem sie gemeinsam zu einem Schulball ging. Sie war aufgeregt und sehr verliebt, alles war neu und großartig und sie hatte noch nie Alkohol getrunken. Und dann passierte etwas, das überhaupt nicht in diese Geschichte hineinpasste: Als sie betrunken ist, wird sie von Tom, dem netten australischen Austauschschüler, stundenlang vergewaltigt. Oder nein, sie wird nicht vergewaltigt, sie gibt dem furchtbaren, gewalttätigen Geschehen diesen Namen nicht, kann es nicht als das bezeichnen, was es war. Es dauert viele Jahre, bis sie diese Lücke schließen kann, bis ihr klar wird, dass das, was sie erlebt hat, tatsächlich eine ›Vergewaltigung‹ war, und es dauert nochmal viele weitere Jahre mehr, bis sie ein Buch schreibt – gemeinsam mit Tom Stranger, ihrem Vergewaltiger von damals. *Ich will dir in die Augen sehen* erzählt davon, wie tiefgreifend die Folgen sind, die dieser so harmlos begonnene Abend, dieses so lange namenlose Geschehen hatte. Für beide hatte, wenn natürlich jeweils auf ganz unterschiedliche Weise.

Von einer ähnlichen Kollision zwischen den Vorstellungen und dem Erlebten erzählt Bettina Wilpert in ihrem vielfach ausgezeichneten Roman *Nichts, das uns passiert*. Die Filmemacherin Jennifer Fox erzählt in ihrem Film *The Tale* ebenfalls von einem ›Irrtum‹: von einem Missbrauch, der lange Zeit für sie etwas ganz anderes war, nämlich ihre ›erste Beziehung‹ – als Elfjährige mit einem erwachsenen Mann. Erst als sie an einem anderen Film arbeitet, realisiert sie, wie groß die Ähnlichkeit zwischen den Erzählungen vieler dieser Frauen und ihrer ›ersten Beziehung‹ ist. »Das hat bei mir einen Schalter umgelegt. Mir wurde klar, dass das, was ich immer eine Beziehung genannt habe, in Wahrheit Missbrauch war.« Auch die französische Autorin Virginie Despentes war als junge Frau (gemeinsam mit einer Freundin) vergewaltigt worden, ohne dass sie diese Bezeichnung verwendet hätte. In ihrem Buch *King Kong Theorie* schreibt sie: »Die seltenen Male, wo ich von dieser Sache erzählen wollte, habe ich den Begriff ›Vergewaltigung‹ umgangen: ›überfallen‹, ›ausgetrickst‹, ›in die Enge getrieben‹, ›ein Riesenärger‹, whatever …« (41) Und dann, drei Jahre nachdem es ihr widerfahren ist, ändert sich etwas – als eine Freundin vergewaltigt wird:

> Es hat mich stärker getroffen als damals, als es uns selbst passiert ist. […] Erst als ich merkte, dass ich die Vergewaltigung dieser Freundin als ein Ereignis betrachtete, nach dem nichts mehr so sein würde wie zuvor, war ich auf diesem Umweg bereit zu begreifen, was ich für uns selbst empfand (40).

Von der Badezimmer-Szene zu erfahren, bedeutete, dass ich endgültig über zwei Vergangenheiten verfügte: eine, an die ich mich erinnerte, die aber offenbar vollkommen ›falsch‹ war, und eine richtige, an die ich aber kaum Erinnerungen hatte, in der ich auftauchte wie eine erfundene, ausgedachte Figur. Die Fragen und Ungewissheiten, die mich seit dem Zusammenbruch nicht mehr losließen, nahmen die Form einer absurd verdrehten, russischen Puppe an: Sobald sich an einer Stelle etwas klärte, sprangen neue Fragen auf, die statt kleiner immer größer wurden. Je mehr ich erfuhr, desto weniger schien zu stimmen. Nie war ich weiter entfernt von einer auch nur halbwegs plausiblen, stimmigen Lebensgeschichte als an diesem Tag, an dem sich meine Eltern scheinbar in Monster verwandelten.

Die Badezimmer-Szene verstörte mich. Aber in die Verstörung mischte sich auch Erleichterung: In meiner inneren Ursache-Wirkung-Rechnung, unter deren Schräglage ich so lange gelitten hatte (»das alles nur, weil meine Mutter sich nicht genug um mich gekümmert hatte?«), befand sich auf der Waagschale der Ursachen nun etwas Monströses, so

schwer, dass es geeignet schien, jede ›Verrücktheit‹ zu erklären. Ein Trauma – endlich gab es die überzeugende Schlüsselszene, nach der ich so lange gesucht hatte! Aber konnte
das wirklich sein? Oder stimmte das alles womöglich gar
nicht?

MEINE ANGST VOR FALSCHEN ERINNERUNGEN

Mir ist erst beim Schreiben dieses Textes klar geworden, *wie* eindeutig die Lage schon war, bevor sich meine Schwester und einer meiner Brüder an Details zu erinnern begannen. Aber trotz dieser sehr eindeutigen Lage habe ich einen großen Teil meines Lebens in der Sorge zugebracht, der ungeheuerliche Verdacht, den wir Kinder unserem Vater gegenüber hegten, wäre womöglich unbegründet. Weil ich es mir nicht vorstellen konnte. Weil ich kaum eigene Erinnerungen hatte. Weil ich den Erinnerungen, die ich hatte, nicht traute. Weil ich nicht wusste, ob ich den Erinnerungen meiner Geschwister trauen konnte. Weil ich von so vielem so falsche Vorstellungen hatte. Was ein Trauma ist und welche Folgen es hat und wann diese Folgen zu sehen, zu spüren sind. Ich wusste nicht, wie sehr man sich irren kann – über sich selbst, über das eigene Leben. Dass man sich sogar darüber irren kann, ob es einem gut geht. Ich hatte doch eigentlich eine glückliche Kindheit, habe ich noch gedacht, als ich schon erwachsen war. Selbst vor zehn Jahren, als ich diesen Text zu schreiben begann, dachte ich manchmal noch immer: Und wenn das alles gar nicht wahr ist? So, wie es bei Wilkomirski der Fall gewesen war?

Wilkomirski. Vielleicht das langjährigste Mitglied meiner Expeditionsgesellschaft durch das unübersichtliche Gelände der Sprachlosigkeit, sicherlich das tragischste. Allein der konkurrenzlose Umfang des Stapels in meinem Regal zeigt an, wie lange, wie sehr mich seine Geschichte beschäftigt hat: 1995 war im Jüdischen Verlag bei Suhrkamp ein schmaler Band mit dem Titel *Bruchstücke* erschienen. Erzählt wird darin die Kindheit des Verfassers Bruno Wilkomirski von diesem selbst in den Konzentrationslagern Majdanek und Auschwitz, der anschließende Aufenthalt in Krakauer Waisenhäusern und bei Pflegeeltern in der Schweiz. Kaum erschienen, galt der Text bereits als ›Klassiker der Holocaust-Erinnerungs-literatur‹ und sein Autor erhielt Preise und Auszeichnungen, bis sich drei Jahre später herausstellte, dass er nie in einem Konzentrationslager gewesen war und auch nicht in Riga, sondern in der Schweiz auf die Welt gekommen war – als uneheliches Kind, das von der unter Druck gesetzten Mutter zur Adoption freigegeben worden war. Als »ungewöhnlich authentisch« war der Text aufgenommen worden, solange er als ›autobiografisch‹ galt, und als »Kitsch«, sobald sein Autor ›entlarvt‹ war. Häme und Verachtung trafen den Verfasser, der seine ›Version‹ noch verteidigte, als sie eigentlich nicht mehr haltbar war. Der Historiker Stefan Mächler untersuchte den Fall und seine Vorgeschichte und veröffentlichte seine Ergebnisse unter dem Titel *Der Fall Wilkomirski. Über die Wahrheit einer Biographie.* Auch die Fotokopien dieses Buches stapelten sich in meinem Regal, neben vielen weiteren Texten zum ›Fall Wilkomirski‹. Auch für sie galt, dass ich sie dort abgelegt hatte, ›einfach so‹, weil sie mich interessierten und ohne dass mir der Bezug zu mir, zu meinem Leben klar gewesen wäre. Erst als ich all diese Stapel sichtete, begriff ich, wie sehr mir der Fall Wilkomirski zum Menetekel geworden war für die Schande, für die Beschämung, die drohte, wenn jemand behauptete, ein Desaster erlebt zu haben, hinter dem sich tatsächlich ›nur‹ ein normales Unglück verbarg. »Der Streit um Wilkomirski zeigt, dass wer sich eine Kindheit, furchtbarer als jede Imagination von etwas Furchtbarem, erfindet oder erfände, tatsächlich als eine Art Hochstapler gewertet wird oder würde« (Jan Philipp Reemtsma 2003: 37).

Auch Boris Cyrulnik zweifelte jahrzehntelang an seinen Erinnerungen. Seine Geschichte »beginnt«, so schreibt er es selbst, in der Nacht seiner Festnahme, als er Madame Farages (die ihn in ihre Familie aufgenommen hatte, nachdem seine Eltern ›verschwunden‹, also deportiert worden waren) sagen hörte: »Wenn Sie ihn leben lassen, sagen wir ihm nicht, dass er Jude ist.« Aber die Deutschen verhaften ihn und bringen ihn in eine Synagoge Bordeauxs, die überfüllt ist mit Menschen. Dem noch nicht einmal sieben Jahre alten Jungen gelingt es, sich in den Toilettenräumen zu verstecken, als die Synagoge geräumt wird. Dann lässt ihn eine Krankenschwester unter die Pritsche eines Krankentransporters schlüpfen, später wird er in einem großen Kochtopf über einen Schulhof getragen. Es ist eine Geschichte voller phantastischer, kaum vorstellbarer Zufälle und Wendungen. 1985, vierzig Jahre später, reiste Boris Cyrulnik zum ersten Mal wieder nach Bordeaux, eingeladen zu einem Kolloquium zum Thema »Langages« – Sprache. Unmittelbar vor seinem Referat sprach ihn eine junge Frau an, sie sei die Tochter von Madame Farages, im gleichen Moment wurde er aufs Podium gerufen. Als nach dem Vortrag die anwesenden Fachkolleg:innen Fragen stellten, verlangte ein Mann das Mikrofon und sagte mit tränenerstickter Stimme: »Boris, ich habe dich während des Krieges versteckt.« Was für eine Situation! Aber so schwierig sie war, bedeutete sie für Boris Cyrulnik vor allem eins: die Möglichkeit, seine Erinnerungen auf Irrtümer, auf Fehler zu überprüfen. Cyrulnik traf in den folgenden Jahren mehrere Personen, die an seiner Flucht beteiligt gewesen waren, und es stellte sich heraus, dass ihre Erinnerungen nur in unwesentlichen Details von seinen abwichen. Alles Wichtige war so, wie er es erinnert hatte! Erst diese Bestätigung erlaubte es ihm, sich selbst seine Geschichte restlos zu glauben, erlaubte es ihm, sie anderen zu erzählen, bedeutete »das Ende des Schweigens«.

Dass Zweifel nicht grundsätzlich die Vernunft auf ihrer Seite haben, dass sie auch Teil des Irrsinns sein können, das habe ich erst bei der Lektüre von Boris Cyrulniks Lebenserinnerungen *Rette dich, das Leben ruft!* begriffen. Auch der Autor Christian Kracht hat in einer viel beachteten Frankfurter Poetikvorlesung davon erzählt, wie er selbst irgendwann an der Richtigkeit seiner Erinnerungen zu zweifeln begann. War er wirklich als Schüler im Internat der sexualisierten Gewalt durch einen Priester ausgesetzt gewesen, so wie er es erinnerte? Oder war diese Erinnerung falsch? Schon seine Eltern hatten ihm nicht geglaubt, als er ihnen weinend am Telefon davon erzählt hatte. Hatten sie womöglich recht damit gehabt, dass die brutale Tat nur in seiner Phantasie stattgefunden hatte? Erst als er von den Berichten anderer ehemaliger Schüler las, konnte er sich selbst, konnte er seinen Erinnerungen trauen.

Wenn ich an meine eigenen immer wieder aufploppenden Zweifel denke, komme ich mir vor wie eine Frau, die auf einer Aussichtsplattform aus einer Ohnmacht erwacht und sich fragt, wie sie dort hingekommen ist. Sie sieht sich um und entdeckt, dass die einzige Möglichkeit hinaufzugelangen ein Fahrstuhl ist. Sie muss ihn genommen haben. Aber sie kann sich nicht erinnern. Sie zweifelt. Wirklich ›wissen‹ kann sie es nicht, solange sie keine Erinnerung daran hat. Rein theoretisch könnte sie auch ein Hubschrauber dort abgesetzt haben oder ein UFO oder sie könnte mit einem Fallschirm dort gelandet sein … Ich zweifelte noch, als es ›eigentlich‹ keinen Grund mehr dafür gab, jedenfalls keinen guten. Aber es gab schlechte Gründe. Einer dieser ›schlechten‹ Gründe dafür, dass ich immer wieder zweifelte, ob das alles denn wirklich auch stimmte, war ein Satz, dem ich immer wieder begegnete: »Missbrauch vergisst man nicht.« Wie so vieles andere hatte er eine Wirkung jenseits der Logik, denn in meinem Fall war es ja so, dass ich in den Erinnerungen meines Bruders noch so klein gewesen war, dass allein das schon die Abwesenheit von Erinnerungen erklärt hätte.

Können wir unseren Erinnerungen trauen? Ich habe erst bei der Arbeit an diesem Text begriffen, wie sich in meine Geschichte, in meine Angst, diese ganze Missbrauchsgeschichte würde womöglich nicht stimmen, eine tragisch-dramatische Familiengeschichte mit eingeschrieben hat, die sich Tausende Kilometer entfernt in den USA zugetragen hat. Es ist die Geschichte von Jennifer Freyd und ihren Eltern: Jennifer Freyd ist bereits selbst Psychologin, als sie mit Mitte 30 eine Therapie beginnt, weil der bevorstehende Besuch ihrer Eltern Angstzustände bei ihr auslöst. Im Laufe der Therapie beginnt sie sich an sexuelle Übergriffe des Vaters zu erinnern. Als sie ihre Eltern damit konfrontiert, weist der Vater alle Anschuldigungen empört zurück. Nur 14 Monate später (1992) gründen die Eltern Pamela und Peter Freyd die *False Memory Syndrome Foundation* (FMSF), gemeinsam mit dem Ehepaar Underwager/Wakefield und anderen, darunter auch Elisabeth Loftus, einer Wissenschaftlerin. Underwager und Wakefield hatten sich in den Jahren zuvor bereits durch zahlreiche Publikationen und als ›Gerichts-Experten‹ einen Namen gemacht. Sie propagierten regelmäßig die Harmlosigkeit sexueller Kontakte zwischen Erwachsenen und

Kindern. In einem von Underwager nicht bestrittenen Zitat äußerte er gegenüber dem niederländischen Pädophilen-Magazin *Paedika,* dass Pädophilie angesehen werden könne als »part of God's will« und dass Pädophilie eine verantwortungsbewusste Entscheidung sein könne. Als dieses Zitat öffentlich bekannt wurde, legte Underwager sein Amt in der FMSF nieder, seine Frau behielt ihren Posten. Aber auch das änderte nichts daran, dass sich die amerikanischen Medien zunehmend begeisterten für die Geschichte der vermeintlich zu Unrecht angeklagten Eltern. Dachten die zahlreichen Journalisten, die die Kampagne der Eltern unterstützten, dass sich niemand derart exponieren würde, der nicht unschuldig wäre? Zunächst kann man ihnen noch zugutehalten, dass sie nur die eine Seite kannten.

Das änderte sich, als Jennifer Freyd beschloss, sich ihrerseits an die Öffentlichkeit zu wenden. Sie tat dies ein einziges Mal, sie tat es widerwillig, aber sie fühlte sich verpflichtet, den Schaden zu begrenzen, den ihre Eltern ihr selbst, aber auch anderen Opfern sexuellen Missbrauchs zufügten. Sie ging nicht auf die ›wiederaufgetauchten‹ Erinnerungen ein, die sie als zu privat empfand, aber sie erzählte von den Aspekten ihrer Kindheit, die ihr stets erinnerlich waren: davon, dass die Eltern quasi als Stiefgeschwister aufgewachsen waren und dass ihr Vater als Elfjähriger von einem pädophilen Künstler missbraucht worden war. Von den ständigen sexuellen Anspielungen und Kommentaren ihres Vaters erzählte sie und dass sie innerhalb der Familie als etwas ganz Normales angesehen wurden. Sie erzählte von dem problematischen Alkoholkonsum ihres Vaters und dass er deswegen in ein Krankenhaus eingewiesen worden war (s. Katie Heaney: *The Controversy Behind the False Memory Syndrome Foundation*). Unterstützt wurde Jennifer Freyd von ihrer einzigen

Schwester und von dem Bruder des Vaters, William, der sich später in einem offenen Brief an die Medien wandte:

> There is no doubt in my mind that there was severe abuse in the home of Peter and Pam. [...] The False Memory Syndrome Foundation is a fraud designed to deny a reality that Peter and Pam have spent most of their lives trying to escape. (Dallam: 15)

Man würde denken, dass spätestens nach diesem weiteren Schritt eines Familienmitglieds an die Öffentlichkeit niemand mehr den Eltern ihre Geschichte ›abgekauft‹ hätte, dass der *False Memory Syndrome Foundation* ein rasches Ende beschieden gewesen wäre und dass denjenigen, die zu ihren Gründungsmitgliedern, zu ihrem (wissenschaftlichen) Umfeld zählten, fortan mit einer gewissen Skepsis oder Misstrauen begegnet worden wäre – aber es kam anders: Die FMSF wurde zu einem mächtigen und einflussreichen Akteur im ›War of Memory‹.

Bis ich dieses Kapitel zu schreiben begann, waren mir die Namen Jennifer Freyd und Elisabeth Loftus unbekannt, ich kannte weder die FMSF noch ihre Geschichte. Ich wusste auch nicht, dass das ›False Memory Syndrom‹, von dem ich immer wieder gelesen hatte, als wissenschaftlich anerkanntes Phänomen überhaupt nicht existiert. Aber vor allem wusste ich nicht, dass die beiden Behauptungen, denen ich so oft begegnet war, die mich immer wieder verunsichert hatten, aus dem direkten Umfeld der FMSF stammten: Die beiden Sätze »Missbrauch vergisst man nicht« und »Wir können unseren Erinnerungen nicht trauen« waren mir von einer »Täterorganisation zur Abwendung von Gerichtsklagen« souffliert worden. Diese Formulierung stammt von Ralf Vogt, einem ausgewiesenen Trauma-Experten, der im Einführungskapitel des von ihm herausgegebenen Fachbuchs *Das traumatisierte*

Gedächtnis — Schutz und Widerstand sogar für die Fachöffentlichkeit bestätigt, was ich für die breite Öffentlichkeit gerade selbst erfahren hatte, dass es in diesem Bereich »kaum nutzbare Fachliteratur gibt, sondern dass sich stattdessen in unserer Disziplin sogenannte Fachaussagen der False Memory Syndrom Foundation breitmachen« (11). Der österreichische Psychologe Werner Stangl fasst die Lage so zusammen:

> Jeder denke an seinen Alltag und frage sich: Wieviel erfundene Erinnerungen könnte ich mir eigentlich leisten, um hier über die Runden zu kommen? […] Das ›False-Memory-Syndrome‹ ist keineswegs ein wissenschaftlicher Begriff, wie der Terminus suggerieren könnte, sondern eine PR-Erfindung. Dabei handelt es sich um eine verzerrte, höchstgradig tendenziöse und polemische Darstellung gedächtnispsychologischer Befunde.

Wenn man sich genauer ansieht, welche an Gehirnwäsche mahnenden Techniken zum Einsatz kommen müssen, was alles erforderlich ist, um bei anderen eine ›falsche Erinnerung‹ zu implementieren, und bei wie Wenigen das wirklich so gelingt, dass sie selbst davon überzeugt sind, dass es sich um eine ›authentische Erinnerung‹ handelt, ist es geradezu umgekehrt: Unser Gedächtnis, unsere Erinnerungen sind erstaunlich widerständig gegenüber dem Versuch, sie zu manipulieren. Das bedeutet nicht, dass unsere Erinnerungen nicht falsch sein können, dass wir ihnen absolut und uneingeschränkt trauen können. Wir verfügen nicht über ein Erinnerungs-Original, auf das wir immer wieder zurückgreifen können, sondern wir erinnern uns statt an das ›Original‹ — an unsere letzte Erinnerung. Gerade, was wir in unserem Leben oft erinnert haben, verändert sich unweigerlich mit jeder Erinnerung und nimmt zudem auf, was andere uns erzählen, was wir darüber lesen oder (z.B. bei Großereignissen) im Fernsehen sehen. Die umfangreiche Forschung über die Zuverlässigkeit von Zeugenaussagen lehrt uns eine gewisse Demut gegenüber dem Gefühl, unsere Erinnerungen seien unfehlbare Kopien des erlebten Geschehens. Aber diese Forschung untersucht etwas anderes als das, was mich, was Cyrulnik oder Kracht umgetrieben hat. Diese Forschung interessiert sich für Details, für die Frage, ob der Wagen, der von links kam, grün oder blau war, ob auf dem Fußgängerüberweg zwei oder drei Kinder unterwegs waren oder ob der Fahrradfahrer einen Helm trug. Diese Forschung interessiert sich (natürlich) nicht für die Frage: Gab es überhaupt einen Unfall?

Es gibt eine Untersuchung, die die Zuverlässigkeit der »zentralen Tatsachen« unserer Erinnerungen sehr eindrucksvoll belegt und die von einem ungewöhnlichen Vorlauf profitiert: In den 1970er Jahren wurden 206 Mädchen befragt, nachdem sie wegen eines polizeilich dokumentierten sexuellen Missbrauchs in der Notaufnahme eines Krankenhauses behandelt worden waren. 17 Jahre später gelang es der Forscherin Linda Meyer Williams, 136 dieser inzwischen erwachsenen Frauen wiederzufinden und mit ihnen umfangreiche Interviews zu führen. Mehr als ein Drittel der Frauen konnte sich an den Missbrauch, der in der Krankenakte eindeutig dokumentiert war, nicht mehr erinnern. 16 Prozent derjenigen, die sich an das Missbrauchserlebnis erinnern konnten, berichteten, sie hätten das Erlebte in der Vergangenheit eine Zeitlang vergessen, sich später aber wieder daran erinnert. Und interessanterweise trafen diese zwischenzeitlich ›vergessenen‹ Erinnerungen fast genauso zu wie die nie vergessenen. Und: »Alle Erinnerungen der Untersuchungsteilnehmerinnen trafen hinsichtlich der zentralen Tatsachen zu, aber keine ihrer Geschichten bestätigte in jeder Hinsicht genau die in der Krankenakte dokumentierten Einzelheiten« (Bessel van der Kolk: 230).

Wir irren uns ständig – über Details. Aber wir haben in aller Regel keinen Grund, an den zentralen Inhalten unserer Erinnerungen zu zweifeln. Das ist eine gute und beruhigende Nachricht und ich würde mir sehr wünschen, dass mehr Leute davon erfahren, dass die Zweifel, mit denen sie sich so lange schon herumschlagen, (auch) das erfolgreiche Ergebnis einer Desinformationskampagne sind, die genau darauf abzielt: die Glaubwürdigkeit von Opfern sexueller Übergriffe zu beschädigen.

Auch für sexuellen Missbrauch gilt, was Mithu M. Sanyal für Vergewaltigungen formuliert hat:

> Aber erwiesenermaßen gibt es Falschbeschuldigungen, und es wäre auch ein Wunder, wenn dem nicht so wäre. Denn das würde Vergewaltigungen aus dem Bereich der menschlichen Interaktionen herauslösen und sie zu etwas Allgemeingültigem machen […]. (66)

Und ebenso, wie es wichtig ist, Opfer von Vergewaltigungen ernst zu nehmen, ist es wichtig, Opfer von Falschbeschuldigungen ernst zu nehmen. Es gibt unterschiedlichste Gründe, aus denen Menschen falsche Beschuldigungen erheben – immer versprechen sie sich davon irgendeinen Vorteil, worin der auch liegen mag. Aber es gibt überhaupt keine Hinweise darauf, dass diese falschen Bezichtigungen mehr sind als Ausnahmeerscheinungen. Und diese (wenigen) falschen Bezichtigungen resultieren wiederum vermutlich nur äußerst selten (wenn überhaupt) aus falschen Erinnerungen. Um es sehr klar zu sagen: Wenn Personen uns berichten, Opfer sexueller Übergriffe geworden zu sein, ist die Wahrscheinlichkeit, dass wir einen Fehler machen, wenn wir ihnen glauben, deutlich geringer, als wenn wir ihnen mit Skepsis begegnen. Und wenn die Person selbst unsicher ist? Wenn sie zweifelt? Dann wäre es vielleicht gut, wenn sie erführe, dass Zweifel nicht immer die Vernunft auf ihrer Seite haben, sondern auch Teil des Irrsinns sein können …

In seinem Buch *Trauma-Heilung* zitiert der amerikanische Trauma-Forscher Peter Levine einen Patienten: »Was ich erlebt habe, brauche ich durch Erinnerungen nicht mehr zu rechtfertigen.« (215) Heute kommt es mir seltsam vor, wie lange ich in der Überzeugung festhing, ich müsse ›genau‹ wissen, was passiert war (also die Dauer, die Häufigkeit, die genauen Praktiken). Ich dachte, ich würde es mir erst ›wirklich‹ glauben können, sobald ich einen Film vor meinem inneren Auge ablaufen lassen könnte, auf dem ich sähe, wie mein Vater … Erst dann würde ich endlich wissen, dass es wirklich passiert war. Dass es stimmte. Aber das ist Unsinn. Ein Unsinn, den ich erst wirklich durchschaut habe, als ich mir die Frage stellte, ob ich einen ähnlichen Zwang oder Druck empfinden würde, wenn ich als kleines Kind einen Verkehrsunfall gehabt hätte, an den ich keine (oder nur eine sehr vage, diffuse) Erinnerung mehr besäße, aber andere schon.

Mittlerweile spielt die Frage nach den Erinnerungen für mich keine zentrale Rolle mehr (ich sehe nicht, was sich für mich ändern würde, wenn ich Details eines Vorgangs wüsste, dessen verstörende Qualität für mich darin liegt, dass er überhaupt stattgefunden hat – ganz unabhängig davon, wie oft, wie lange oder wie genau er stattgefunden hat), und dennoch fühle ich mich von dieser Frage weiter verfolgt, denn für das Erzählen, für meine Glaubwürdigkeit anderen gegenüber scheint sie zentral zu sein: Wenn ich erwähne, dass ich als sehr kleines Kind von sexuellen Übergriffen meines Vaters betroffen war, an die ich mich kaum erinnern kann, steht sofort die (skeptische) Frage im Raum, wie ich mir dann sicher sein könne. Ich glaube nicht, dass ich mir den zweifelnden Unterton, mit dem diese Nachfrage meist verbunden ist, nur einbilde. Und ich, gerade ich kann diesen Zweifel ja auch verstehen, ich kenne ihn ja nur zu gut. Aber wenn wir an den Vergleich mit dem Verkehrsunfall denken, ist unsere Skepsis längst nicht so zwingend, so selbstverständlich, wie sie uns vermutlich im ersten Moment vorkommt. Warum führt der Verweis auf sexuelle Übergriffe zu reflexhaften Zweifeln, während der auf ein anderes (jedes andere?) Ereignis eine absolute Selbstverständlichkeit zu sein scheint oder durch den schlichten Verweis auf die Aussagen anderer geklärt wäre? Vielleicht, weil wir uns manches einfach nicht vorstellen können?!

ES SICH NICHT VORSTELLEN KÖNNEN

Vermutlich ist es das Zentrum schwerer Traumata: es sich nicht vorstellen zu können. Es nicht glauben zu können. Anzweifeln müssen, dass es geschehen ist. Das darf doch nicht wahr sein! Das Trauma konfrontiert uns mit dem, was wir nicht, was wir kaum aushalten können. Mit einem Abgrund an Grausamkeit, an emotionaler Kälte oder Stumpfheit. Deshalb sind die Folgen von *man made desaster* so viel verheerender als die von Naturkatastrophen – weil sie unser Vertrauen in die Conditio humana zerstören. Der Psychiater und Holocaust-Überlebende Dori Laub berichtet von einer Frau, der man im Lager ihr Baby weggenommen hatte und die sich kurze Zeit später nicht mehr an ihr Kind erinnern konnte – ja noch nicht einmal mehr daran erinnern konnte, überhaupt ein Kind gehabt zu haben. Er zitiert ihren Bericht:

> »In Stuttgart traf ich die Ärztin, die mich im Ghetto entbunden hatte. Und als sie mich sah, freute sie sich sehr, mich zu sehen, und fragte sofort: ›Wo ist das Baby? Was ist mit dem Baby passiert?‹ Und genau da sagte ich: ›Welches Baby?‹ (Pause) Ich sagte zu der Ärztin: ›Welches Baby? Ich habe nie ein Baby gehabt.‹« (2000a: 864)

Auch Lily Brett erzählt in ihren Büchern in vielen kleinen Details davon, wie das normale Denk- und Vorstellungsvermögen Traumatisierter immer wieder aussetzt. In *Zu viele Männer* heißt es über Ruth, deren Eltern KZ-Überlebende waren:

Sie hatte Hunderte von Büchern über den Holocaust gelesen. Bücher von Überlebenden. Bücher von Historikern. Trotz aller Bücher, die Ruth kaufte und las, konnte etwas in ihr sich die Wahrheit noch immer nicht vorstellen. Etwas in ihr wollte noch immer glauben, dass es nicht ganz so schrecklich gewesen war. Dass ihre schöne Mutter nicht wirklich inmitten von Leichen geschlafen und viele Mal für tot gehalten und liegen gelassen worden war. Etwas in ihr wollte glauben, es sei alles nur ein böser Traum. (64)

Aber es ist nicht nur die Tochter, die große Schwierigkeiten hat, zu begreifen, was geschehen ist, auch über die Eltern, die es ja selbst erlebt haben, heißt es: »Sie standen noch immer unter Schock, so als könne keiner von beiden wirklich glauben, was sie durchlebt hatten«.

Offenbar gibt es Ereignisse, die so furchtbar sind, dass wir sie uns nicht vorstellen können – auch wenn wir sie selbst erlebt haben. *Gerade* wenn wir sie selbst erlebt haben: Sie verschwinden und führen ein Eigenleben. Wir verfügen nicht über sie und zugleich haben sie uns und unser Leben vollkommen im Griff. Sie werden nicht zu einem, wenn auch furchtbaren, Teil der eigenen Lebensgeschichte, sie vagabundieren randalierend durch das Innere, und der Mensch, der solche Spuk-Gestalten in sich beherbergt, muss enorme Anstrengungen unternehmen, damit sie nicht die Macht übernehmen, vollkommen die Macht übernehmen.

Extremes Unrecht und Gewalt stellen eine Anomalie dar, sie widersprechen jeder unversehrten Welterfahrung. Sie brechen ein in das Leben von Menschen, die nicht begreifen können, was ihnen da geschieht. Das Ergebnis scheint entkoppelt von allem, was vorher geschah, es reiht sich nicht ein in die eigene Geschichte, in das Verständnis dessen, was und wer man einmal

war und wer die anderen waren. […] So werden Leid und Gewalt zu einem sprachlichen Problem: Die Erlebnisse scheinen
nicht beschreibbar, weil sie alles zu übersteigen drohen, was
vorher als Erfahrung zählte,

schreibt Carolin Emcke in *Weil es sagbar ist* (14).

Für mich ist das bis heute ein irritierender Gedanke: dass
Menschen sich auch Ereignisse, die sie selbst erlebt haben, an
die sie sich unter Umständen sogar erinnern können, nicht
vorstellen können. Wie lange war ich mir absolut sicher, dass
alles anders wäre, wenn ich mir nur vorstellen könnte, was
geschehen ist. Und genau so sicher war ich mir, dass ich mich
dazu ›nur‹ erinnern können müsste. Hätte ich damals schon
so nachdenken können, wie ich es heute kann, dann wäre
mir schon damals aufgefallen, dass auch noch so genaue Vor-
stellungen/Erinnerungen, dass auch ›die Fakten‹ die Fragen
nicht beantworten, die mich am meisten umtrieben: *Warum*
meine Eltern sich so verhalten hatten, wie sie sich verhalten
hatten. Wie war es möglich, dass ich und meine Geschwister
das Ausmaß des Desasters so lange hatten ›ausblenden‹ können? Ich wäre diesen Fragen keinen Schritt näher gekommen, wenn ich plötzlich über zahlreiche, dokumentarische
Filmaufnahmen aus der damaligen Zeit verfügt hätte.

Vielleicht ist das die überraschendste Entdeckung meiner
Expedition durch das Gelände der Sprachlosigkeit: Nicht allein die Amnesie, nicht allein die verschwundene oder löch-
rige Erinnerung bietet Schutz vor den in unserem Inneren
herumvagabundierenden Bedrohungen. Es gibt auch eine
Form des Nicht-Wissens – trotz vorhandener Erinnerungen.
Es ist möglich, dass wir uns erinnern und dennoch so wenig
über dieses Erinnerungs-Wissen ›verfügen‹, dass wir keine

halbwegs schlüssige Geschichte daraus konstruieren können. Obwohl wir wissen, dass etwas geschehen ist, können wir uns nicht vorstellen, dass es wirklich geschehen ist. Dass es so war, wie es war.

Ich kann es mir nicht vorstellen! Irgendwie liegt in dieser mangelnden Vorstellungsfähigkeit, in diesem die-Realiät-nicht-aushalten-Können vielleicht auch etwas Gutes, etwas Wünschenswertes, so etwas wie ein moralischer Impuls oder Kompass: Das darf doch nicht wahr sein! Das soll es nicht geben! Es soll(te) nicht möglich sein, dass sich Menschen so etwas gegenseitig antun. Diese Welt wäre vermutlich nicht besser, wenn wir mit einem Achselzucken registrierten, was alles an Unvorstellbarem geschieht, wenn wir uns problemlos vorstellen könnten, was Menschen anderen Menschen antun. Ich würde nie jemandem vorwerfen, ich würde nie jemanden dafür kritisieren, dass er sich bestimmte furchtbare Ereignisse nicht vorstellen kann. Ich konnte mir ja selbst die längste Zeit meines Lebens nicht vorstellen, was ich selbst erlebt habe. Ich kann mir bis heute nicht im Ansatz vorstellen, was Menschen während des Holocaust erlebt haben oder was die Menschen erleben, die gerade im Mittelmeer um ihr Leben kämpfen, vielleicht gerade jetzt in diesem Moment ertrinken. Das ist das eine. Aber etwas ganz anderes ist es, wenn diese ›Unvorstellbarkeit‹ gegen diejenigen verwendet wird, denen Furchtbares widerfahren ist, wenn ihre Aussagen, ihre Darstellung angezweifelt werden, oft reflexhaft: Ist das denn wirklich wahr? Das kann ich mir überhaupt nicht vorstellen!

Immer wieder schwärmen Journalist:innen aus, sobald sich ein verstörendes Ereignis ereignet hat, und befragen Menschen, »ob sie sich hätten vorstellen können«, dass der Nachbar oder die Kollegin dies oder das tun würde. Und wenn es keine ›objektiven Beweise‹ gibt, wird aus »ich kann mir das nicht vorstellen« schnell ein »Ich halte das für ausgeschlossen«. Zu einem Zeitpunkt, als der Umfang und die Qualität der erhobenen Vorwürfe schon keine vernünftige andere Erklärung mehr zuließen, als dass Dieter Wedel in zahlreichen Fällen Frauen zumindest sexuell belästigt hatte, wurde die Frage nach der ›Vorstellbarkeit‹ auch immer wieder gestellt: Als sage es irgendetwas über den fraglichen Sachverhalt aus, wenn Menschen aus seinem Umfeld oder auch zufällige Passanten ›es sich vorstellen können‹. Sie können es in diesem wie in vielen anderen Fällen ›natürlich‹ nicht. Das ist menschlich vollkommen nachvollziehbar, aber es ist kein Argument. Die »Entlastungszeugen« würden in dieser »Hexenjagd« kaum Gehör finden, beklagten so oder so ähnlich eine Reihe von Kommentatoren – weil es eben keine Entlastungszeugen gab, es gab nur viele Menschen, »die sich das nicht vorstellen konnten« …

Ich kann verstehen, dass sich die schwedische Autorin Katarina Frostenson nicht vorstellen kann, dass die Vorwürfe von 18 Frauen wirklich wahr sind, die gegen ihren Ehemann erhoben wurden und den Skandal um den Literatur-Nobelpreis auslösten und schließlich zu seiner Verurteilung wegen Vergewaltigung führten. Wie soll sie mit dieser Wahrheit leben können? Aber natürlich kann die Tatsache, dass sie es sich nicht vorstellen kann, kein Argument, kein Indiz sein …

Stimmt es oder stimmt es nicht? Kann das wirklich wahr sein? Bilde ich mir das alles vielleicht nur ein? All die Fragen, die mich so irritierend lange in ihrem Würgegriff hielten, sind keine Ausnahmen, sondern sie sind typisch für Menschen, die Opfer sexueller Übergriffe geworden sind. Die, die ich kenne, haben oder hatten fast alle auf die ein oder andere Weise damit zu tun. Diese Fragen durchziehen nicht nur meine individuelle Geschichte (und die vieler anderer), dieser Wechsel von Zweifel und Bestätigung, von Erkenntnis und Skepsis prägt die gesamte Geschichte des Nachdenkens, des Forschens über Traumata und, wie es früher hieß, Hysterie.

Schon Freud war zunächst überzeugt gewesen vom realen Trauma, von realen sexuellen Übergriffen als Ursache für die »Hysterie«. Aber dann, nur wenige Jahre später, gibt er diese sogenannte »Verführungstheorie« auf. Vielleicht hatte er, wie viele mutmaßen, Angst vor den gesellschaftlichen Konsequenzen, vielleicht konnte auch er sich nicht vorstellen, was ja tatsächlich unvorstellbar schien und scheint: das Ausmaß sexuellen Missbrauchs in Familien und eben auch in solchen des Bürgertums. »Die Erforschung psychischer Traumata hat eine eigenartige Geschichte – immer wieder gibt es Phasen der Amnesie«, so beginnt Judith Herman das erste Kapitel von *Die Narben der Gewalt*. Auch die Geschichte von Jennifer Freyd und ihren Eltern dreht sich zentral um die Frage der Glaubwürdigkeit – und ich habe sie noch nicht ganz zu Ende erzählt. Die Eltern von Jennifer Freyd gründeten nicht nur die FMSF, sondern die Mutter verfasste auch unter dem Pseudonym »Jane Doe« den Artikel *How could this happen? Coping with a false accusation of incest and rape,* in dem sie persönliche Details öffentlich machte, die Jennifer J. Freyd unglaubwürdig machen sollten. Sie streute den Artikel auch unter den Kolleg:innen ihrer Tochter an der Universität, just zu dem Zeitpunkt, als diese im Begriff war, eine Professur zu erhalten (s. Katie Heaney). Dennoch wurde Jennifer Freyd Professorin für kognitive Psychologie an der Universität Oregon und sie wurde eine der wichtigsten Trauma-Forscher:innen.

Manchmal behindert persönliche Betroffenheit Erkenntnis, manchmal ermöglicht sie sie erst: Mit *Betrayal Trauma* und vielen weiteren Veröffentlichungen gelang es Jennifer Freyd, die strukturellen, allgemeinen Prinzipien dessen, was sie selbst erlebt hatte, begrifflich und theoretisch zu fassen und eine neue Dimension in die Vorstellung von Traumata einzuführen: Es ist auch das Ausmaß des *Verrats,* das entscheidenden Einfluss darauf hat, wie verheerend die Folgen für die Opfer sind. Und es zeichnet die ganz spezielle Situation von Kindern aus, die von ihren Eltern missbraucht werden, dass sie nicht fliehen können. Sie benötigen zum Überleben die Hilfe und Unterstützung ihrer Eltern, die sie nur annehmen, mit der sie nur rechnen können, wenn sie »blind werden« (*Betrayal Blindness*) für das, was die Eltern ihnen antun:

> Aufgrund der absoluten Abhängigkeit von Kindern ist die Betrayal Blindness bei Kindheitstraumatisierungen innerhalb der Familie besonders ausgeprägt. Sie trägt dazu bei, dass die traumatischen Erlebnisse abgespalten (»vergessen«) werden, um die überlebensnotwendige Beziehung zum Täter aufrechterhalten zu können. (Winja Lutz: 25)

Für mich hat sich die Geschichte von Jennifer Freyd und ihren Eltern auf eine besondere, auf eine zweifache Weise in meine eigene Geschichte eingeschrieben: zunächst durch die Zweifel, die ihre Eltern mit der von ihnen gegründeten Organisation an der Glaubwürdigkeit von Opfern zu wecken versuchten und mit denen sie auch mich erreichten. Aber dann vollzog sich in dieser ›Geschichte in der Geschichte‹ eine unerwartete Wendung: Indem ich von der Forschung Jennnifer Freyds erfuhr, von ihrer Erkenntnis, wie bedeutend die Rolle des ›Verrats‹ ist, dem Menschen in traumatischen Situationen ausgesetzt sind, begriff ich nochmals tiefer, wovon in diesem Text immer wieder die Rede ist: von Menschen, die, um zu überleben, blind werden müssen, die nicht sehen dürfen, was doch eigentlich unübersehbar ist – dass sie sich in unmittelbarer Nähe eines Abgrunds befinden …

KINDER SIND KOLLABORATEURE ODER DIE SCHULD DER OPFER

Schuld interessiert mich nicht. Ich habe diesen Satz oft gedacht, aber nie ausgesprochen. Vielleicht kam er mir selbst ein bisschen verdächtig vor. Potentiell unglaubwürdig. Aber erst als ich ihn für diesen Text notierte, kam er mir plötzlich wie ein weiterer Irrtum vor: Der Roman, den ich für diesen Text unterbrochen habe und den ich mittlerweile weiterschreibe, hat den Arbeitstitel *Kollaborateure,* und die Erzählung, die mir neben *Es wäre schön* am meisten bedeutet, trägt den Titel *Die Schuld der Kinder.* Desinteresse hört sich anders an. Aber dann, nach einer Weile, wurde mir klar, dass beides stimmt: Mich interessiert wirklich nicht oder kaum die Frage nach der Schuld meiner Eltern, der Schuld der Täter. Was mich interessiert, was mich umtreibt: die vermeintliche, die behauptete Schuld der Opfer. Zumindest: Mitschuld. *Kinder sind Kollaborateure.* Kaum dass ich diesen Satz gedacht hatte (lange bevor ich dieses Buch zu schreiben begann), begeisterte, elektrisierte er mich, hatte ich das Gefühl, dass er ins Zentrum des ›Irrsinns‹ führt, in den ich geraten war, und dass er mir etwas sehr Wichtiges erklärt.

Kinder sind Kollaborateure, das bedeutet: Sie haben keine Wahl. Kinder lieben ihre Eltern. Sie sind für ihre Entwicklung darauf angewiesen, ihre Eltern lieben zu können, sie sind darauf angewiesen, die Überzeugung entwickeln und bewahren zu können, dass die Eltern ›gute Eltern‹ sind. Und wenn die Eltern sich überhaupt nicht ›liebenswert‹ verhalten, wenn sie sogar physische oder psychische Gewalt ausüben oder die Grenzen des Kindes nicht achten und überschreiten, dann müssen Kinder an dieser Tatsache vorbeisehen, sie irgendwie umdeuten: Sie geben sich selbst die Schuld – nicht den Eltern.

Es gibt eine Reihe von Erklärungen, warum das so ist. Wenn ich es richtig sehe, widersprechen sie sich nicht, sondern formulieren etwas Ähnliches auf unterschiedliche Weise. Immer geht es darum, dass das Kind nicht ertragen, nicht aushalten kann, dass es so ist, wie es ist: »Kein hilfloses Wesen kann in dem Bewusstsein existieren, dass die Menschen, auf die es physisch und psychisch angewiesen ist, seinen Bedürfnissen kalt und gleichgültig gegenüberstehen. Diese Angst ist unerträglich, ja tödlich.« (Arno Gruen: 4) Deswegen muss das Kind die Vorstellung retten, dass sie ›gut‹ sind, deswegen gerät es in eine permanente Konfusion der Gefühle. Schuld zu sein bietet aber noch einen weiteren Vorteil: Wer schuld ist, ist nicht ohnmächtig. Wer schuld ist, kann beim nächsten Mal etwas anders, etwas besser machen – und dann wird vielleicht alles (wieder) gut.

Kinder sind Kollaborateure: Ihr Überleben kann davon abhängen, dass sie sich so umfassend, so perfekt wie möglich dem Willen derer anpassen, die die Macht über sie haben. Sie erfüllen ihre Rolle mit Engagement und Leidenschaft, sie glauben selbst die Schmierenkomödie einer normalen Familie, sonst geraten sie in Gefahr. Deswegen opfern sie ihre Aufrichtigkeit, sie machen sich gemein mit dem Unrecht, mit den Demütigungen, die um sie herum geschehen. Vielleicht beteiligen sie sich daran. Und später können sie sich die Liebe, die Anerkennung, die Bewunderung, die sie den Eltern entgegengebracht haben, nicht verzeihen, können die Verachtung, die sie sich selbst gegenüber empfinden, nicht ertragen. Und verteidigen oft noch als Erwachsene die ›heile‹ Welt ihrer Familie, die es nie gegeben hat – oder bestreiten die Abhängigkeit, behaupten gegen jede Plausibilität und Realität, dass sie nie derartige Gefühle gegenüber ihren Eltern hatten.

Die Familie sollte ein guter Ort sein. Im idealen Fall ein Ort der Liebe, der Unterstützung, des Schutzes. Zumindest ein Ort des Interesses, der Freundlichkeit. Auf keinen Fall darf sie ein Ort der Demütigung, der Bedrohung, der Belästigung sein. Ist sie deswegen auch nicht – selbst wenn all das sich ereignet. Es ist wichtig, sich klarzumachen, *wie* groß der Wunsch von Kindern (und meist auch noch der von Erwachsenen) in aller Regel ist, ›gute Eltern‹ zu haben. Eltern, auf die man stolz sein kann, die man bewundert. Niemand will aus einer ›schlechten‹ Familie kommen oder verachtenswerte Eltern haben. »Jeder träumt davon, aus einer ruhmreichen Familie zu stammen«, schreibt Didier Eribon in *Rückkehr nach Reims* (72). Wirklich zu akzeptieren, dass es ist, wie es ist, dass die eigene Familie, die eigenen Eltern womöglich weit mehr Anlass zu Beschämung und Irritation geliefert haben als zu Stolz und Verbundenheit, ist für die meisten Menschen eine überaus herausfordernde (Lebens)Aufgabe. Nur vor diesem Hintergrund lässt sich das Verhalten vieler (auch erwachsener) Kinder verstehen, die ihre Eltern verteidigen, die den Kontakt zu ihnen aufrechterhalten – obwohl die Eltern ihnen großes Leid angetan haben.

In einem Interview mit der *ZEIT* (2016) sagt Jan Philipp Reemtsma im Zusammenhang mit seiner Entführung (über die er das Buch *Im Keller* geschrieben hat):

»Also, ich bin sehr für Rache – sie darf nur nicht sein. Sie widerspricht unserem Rechtsprinzip, und das ist gut so. Aber Rachegefühle nicht empfinden zu können ist eine Pathologie. Daran gehen Sie zugrunde. Ich habe mich zur Empfindung von Rachewünschen richtig hingedrängt.«

Und auf die Nachfrage: »Sie haben sich also den Hass er-erarbeitet?«, fügt Reemtsma hinzu:

> »Ja, ich habe mich richtig in die Rache- oder Hassfantasien hineinbegeben. Das heißt nicht, dass man die Gedanken, die man hat, umsetzen muss. Manchmal ist schon das Reinkommen in die Fantasien an sich heilsam. Dann werden Sie wieder normal.«

Dann werden Sie wieder normal. Normal werden. Sich aus dem Irrsinn, in den man geraten ist, befreien, indem man hassen lernt. Wer Reemtsmas Text liest, wird seine Überlegung unschwer nachvollziehen können. In eine Intimität mit demjenigen gezwungen zu sein, der einem Gewalt angetan hat, ist unerträglich. Und wenn derjenige nicht ein Fremder ist, sondern wenn es die eigenen Eltern sind? Wenn es keine Angelegenheit von Tagen, Wochen oder Monaten ist, sondern die gesamte Kindheit umfasst? Ich finde den Hinweis auf die mühsam eingeübten Rache- und Hassphantasien auch deswegen hilfreich, weil deutlich wird, welche Reaktion die ›eigentlich normale‹, die gesunde wäre – und wie unmöglich, wie ausgeschlossen sie zugleich für ein Kind ist. Das Kind kann sich nicht sagen: Jetzt, wo ich noch abhängig bin von meinen Eltern, jetzt, wo ich den Gedanken, dass sie keine guten Eltern sind, noch nicht ertragen kann, wo ich alles daran setzen muss, gegen ihn anzugehen, werde ich so tun, als ob das, was ich erlebe, ganz normal wäre. Oder vielleicht auch gar nicht existiert, nur eine Einbildung ist, und erst später, wenn ich groß und unabhängig bin, werde ich mich in eine große Wut und Rache und in einen Hass begeben. Das alles denkt das Kind nicht. Das Kind denkt: Ich bin schuld.

Kinder haben nicht die Möglichkeit zu gehen, den für sie schlechten Ort zu verlassen. Sie haben keine andere Möglichkeit, als sich irgendwie durchzuschlagen – unter den Bedingungen, die sie vorfinden. Sie sind KINDER. Alles an ihnen ist noch unfertig. Ihre Persönlichkeit, ihr Rechts- und Unrechtsbewusstsein, ihre psychische Entwicklung, ihre Vorstellung von dem, was in Beziehungen normal ist und was nicht. Was man erwarten kann und was man zurückweisen darf und wer verantwortlich ist. Kinder, die zu wenig Anerkennung, Liebe, Fürsorge, Respekt, Aufmerksamkeit und Interesse erfahren, denen es also an etwas mangelt, das sie existentiell benötigen, solche Kinder können es sich nicht leisten, besonders wählerisch zu sein. Sie nehmen in Kauf, dass sie etwas geben müssen, wenn sie etwas bekommen wollen. Dass das einen Preis hat. Der ist am Anfang vielleicht noch gar nicht so hoch. Zum typischen Vorgehen von Missbrauchstäter:innen gehört die langsame, fast unmerkliche Steigerung des verbotenen Tuns. Und wenn das Kind mitmacht oder sich zumindest nicht eindeutig wehrt, ist es sofort gefangen in dieser irrsinnigen Spirale aus Schuld und Scham und verliert auch deswegen jede Möglichkeit auszusteigen, Hilfe zu holen, jemandem zu erzählen, was passiert ist.

Kinder gehen oft ›freiwillig‹ zu denen, die sie sexuell missbrauchen, weil sie Geschenke bekommen oder Aufmerksamkeit, weil sie nicht wollen, dass der Vater oder wer auch immer sonst ›traurig ist‹. Das Kind kann nicht überblicken, was da geschieht, das Kind kann sich nicht sagen: Ich möchte zwar jetzt unbedingt die neuen Turnschuhe oder das Handy, aber ich sollte lieber darauf verzichten, weil es mir womöglich mein ganzes Leben versauen wird, wenn ich da hingehe. Das Kind kann sich nicht sagen, dass es die Einsamkeit, in der es sich befindet, vielleicht besser weiter aushält, als sich Aufmerksamkeit und Gesellschaft durch etwas zu ›erkaufen‹, das sich zwar irgendwie nicht gut anfühlt, für das es aber keine Worte hat. Das Kind durchschaut nicht, dass es sich nicht schämen muss, wenn es ›mitgemacht‹ hat, wenn es womöglich auch sexuell erregt war. Und am allerwenigsten durchschaut das Kind, dass sein Gefühl, selbst schuld zu sein, Teil der irrsinnigen Verdrehung ist, in die es geraten ist.

Die Schuld der Kinder, die Schuld der Opfer kann sich auf abstruse Weise maskieren und vermutlich ist die verdrehteste, die perfideste Maskerade diejenige der Lust. Dass Opfer sexualisierter Gewalt im Rahmen des übergriffigen Geschehens Lust empfunden haben, ist nicht so selten, wie man spontan denken würde, auch das kann eine Überlebensstrategie sein. In dem *Inzest-Tagebuch* einer anonymen, amerikanischen Autorin, für dessen »Authentizität« sich der in den USA angesehene Lorin Stein, Herausgeber der Literaturzeitschrift *Paris Review,* verbürgt, heißt es: »Heute las ich in einem Buch über Folter, je öfter eine Gefangene vergewaltigt wird, desto größer ist die Wahrscheinlichkeit, dass sie Lust empfindet. Lust als Mittel zum Überleben.« (28) Drei Seiten vorher heißt es: »Aber für meine Mutter war ich die andere Frau. Sie wünschte bloß, ich wäre nie geboren worden, sagte sie oft.«

Wer weiß das schon, wer kann sich das vorstellen? Wir missverstehen die Geschichten von Menschen, die es auf den

Kontinent des Irrsinns verschlagen hat, wenn wir sie lesen, als handele es sich um Geschichten, in denen unsere normalen Maßstäbe und Regeln gelten. In dem *Inzest-Tagebuch* lässt die Autorin an keiner Stelle einen Zweifel daran, dass die Lust, die sie empfunden hat, nichts zu tun hatte mit der Lust, die wir uns ›normalerweise‹ auf der Basis von Freiwilligkeit, von Selbstbestimmung vorstellen. Kann man sich einen größeren Irrsinn vorstellen? Und dennoch haben Kritiker:innen diesen Text gelesen, als könne man ihn und die darin geschilderten Erfahrungen an irgendwelchen ›normalen‹ Maßstäben messen, als würde die Schilderung der erlebten Lust den Unrechtsvorwurf gegenüber dem Vater reduzieren und nicht vergrößern.

> Für wie authentisch kann man ein aus Versatzstücken mittelmäßiger Hausgebrauchspornos zusammengebautes Dokument halten? Wieso kann eine Geschichte wie diese, die einen so ungewöhnlichen Blickwinkel einnimmt und etwas derart Ungehöriges schildert, nicht authentischer von Sex erzählen?,

heißt es beispielsweise in einer Rezension der *Stuttgarter Zeitung* (Eva-Maria Manz 2017).

Wie absurd, wie niederschmetternd, wenn die von Betroffenen und Expert:innen bestätigte Realität im Wettbewerb um Glaubwürdigkeit keine Chance gegenüber den (falschen) Vorstellungen unseres Alltagsverstands hat. Es ist eine doppelte Bürde, mit der Menschen, denen ›Unvorstellbares‹ widerfahren ist, oft zu kämpfen haben: Schon das ursprüngliche Geschehen birgt ein hohes Risiko, davon vollkommen an den Rand des Leben gedrückt zu werden, und dann wird in der Folge auch noch die eigene Glaubwürdigkeit und Integrität in Zweifel gezogen – weil andere leichtfertig den bereits im letzten Kapitel beschriebenen Schritt vom »Ich kann es mir nicht vorstellen« zum »Dann kann es auch nicht stimmen« vollziehen.

Während ich an diesem Kapitel arbeite, wird der Fall eines Ehepaares verhandelt, das die Tochter der Frau auf besonders furchtbare Weise misshandelt und sexuell missbraucht hat. In Zeitungsberichten lese ich, dass die Tochter, die eigentlich bei Pflegeeltern untergebracht war, die Nähe ihrer Misshandler:innen ›freiwillig‹ suchte, ja, dass sie sich sogar, als die Polizei die Wohnung durchsuchte, in einem Sofakasten versteckte. *Freiwillig.* Wer das Wort in diesem Kontext verwendet, gibt dem Mädchen eine Mitschuld, stellt zumindest die Frage in den Raum: »Wie konnte sie nur?« Von dem Mädchen, das in Lügde der sexualisierten Gewalt ihres Pflegevaters ausgesetzt war, heißt es, es habe keinen unglücklichen Eindruck gemacht.

Es gibt immer noch so viele Kinder (und auch Erwachsene), die keine Hilfe, keine Unterstützung erfahren, weil sie nicht der Vorstellung des verstörten, misshandelten Kindes entsprechen, die viele Menschen, auch Fachleute, noch immer haben. Es gibt Gerichtsurteile, in denen die »Freiwilligkeit« des Opfers, in denen das »Sich nicht wehren« noch immer als Form des Einverständnisses betrachtet wird, obwohl es sich um eine weit verbreitete Reaktion auf ein traumatisches Geschehen handelt.

Mit den Schuldgefühlen der Opfer korrespondieren die Schuldzuweisungen der Gesellschaft – denn wir verweigern den Opfern Anerkennung und Mitgefühl, sobald sie (scheinbar) kollaborieren, sobald sie mitmachen, sobald sie vielleicht sogar aktiv werden – und ganz sicher, wenn sie uns von der Lust erzählen, die sie empfunden haben. Wenn wir uns den

Irrsinn als Kontinent mit vollkommen verdrehten Regeln vorstellen, dann liegt auf der Hand, dass nicht jede und jeder ohne Weiteres verstehen kann, was dort passiert. Es ist unwegsames, schwer einsehbares Gelände, es herrschen dort eigene Regeln mit einer eigenen Sprache. Allerdings ist es eine Sprache, in der es zahlreiche ›falsche Freunde‹ gibt, wie Linguist:innen die Worte nennen, die sich vom Klang her ähneln und in unterschiedlichen Sprachen dennoch eine ganz andere Bedeutung besitzen. ›Freiwilligkeit‹ und ›wissen‹, ›Schuld‹ und ›Normalität‹, ›Lust‹ – all das sind ›falsche Freunde‹, all diese Worte nehmen auf dem Kontinent des Irrsinn eine ganz andere Bedeutung an. Von den enormen Anstrengungen, wieder normal zu werden, spricht Reemtsma. Es wäre schon viel gewonnen, wenn sich herumspräche, wie wenig ›normal‹ das Empfinden, das Denken und Fühlen werden kann – unter den Bedingungen des Irrsinns. Der Irrsinn sitzt im Kopf und fährt dort Karussell. Und deswegen gibt es keine Normalität und keine Logik, und die Menschen, die sich in diesem Irrsinn verfangen haben, können oft selbst nicht sehen, nicht erkennen, nicht erfassen, wo sie sich befinden und wie verrückt das alles ist. Und die abstruseste, irrsinnigste Form dieser Verdrehungen ist die, dass die Opfer schuld sind – und nicht die Täter.

Es ist wichtig, sich klarzumachen, dass Opfer sich nicht immer so verhalten, nicht so verhalten KÖNNEN, wie wir uns das vorstellen. Wie es UNSEREN Wünschen entspräche. Wenn es schon so schlimme Gewalttaten gibt, die unseren Glauben an die Menschheit zu zerstören im Stande sind, dann wäre es doch gut, wenn die Opfer uns diesen Glauben wieder zurückbringen könnten. Können die Opfer, wenn es alles schon so schrecklich ist, nicht die jederzeit ›Guten‹ sein, die heimlichen Helden? Ich kann diesen Wunsch verstehen. Ich habe mich selbst lange genug damit herumgeschlagen – mit dem Wunsch, ich hätte mit zwei oder drei Jahren meine Sachen gepackt und meinen Eltern gesagt, dass es mir reicht! Dass sie mich nie wiedersehen werden und dass ich aber, sobald mir zu Ohren kommt, dass sie meine Geschwister nicht fortan gut und freundlich behandeln, dass ich dann aber umgehend wiederkomme und ganz andere Saiten aufziehe … Wie gerne wäre ich eine gewesen, die sich wehrt, die einfach abhaut. Und wie dankbar bin ich meinem Bruder für die ›Badezimmer-Szene‹, für das Wissen, dass ich mich zumindest in dieser Situation gewehrt habe. Wie lange habe ich mir nicht verzeihen können, dass ich meine Eltern geliebt habe. Wie lange habe ich mir gewünscht, es wäre anders gewesen, es wäre mir, es wäre Kindern überhaupt möglich, sich von den Eltern, die sie nicht gut behandelt haben, abzuwenden, sie zu verlassen – oder zumindest: sie nicht mehr zu lieben. Es ist demütigend, jemanden zu lieben, der einem Gewalt angetan hat oder Grenzen überschritten hat, der die eigene Integrität nachdrücklich beschädigt hat. Es ist demütigend, zu kollaborieren.

»Du kannst einem ganz schön gut die kalte Schulter zeigen«, schrieb mir mein Vater, und heute finde ich es erstaunlich, dass es ihm damit tatsächlich gelang, mir ein schlechtes Gewissen zu machen. Oder ist das Erstaunliche, dass ich mich erst heute darüber freue, dass er mich als eine wahrgenommen hat, die ihm die kalte Schulter zeigt? Fast vierzig Jahre ist das jetzt her und es hat lange gedauert, bis ich auf die Idee gekommen bin, meinen Vater selbst zu Wort kommen zu lassen, wenn ich von dem Irrsinn erzählen möchte, in den ich geraten bin.

Der Briefwechsel, der das ermöglicht, umfasst eine Hand-voll Briefe und hat folgende Vorgeschichte: Ich war fünfzehn, da war mein Vater vollkommen gegen jede Gewohnheit in meinem Zimmer aufgetaucht und hatte mit mir reden wollen – so zwanglos über dies und das. Wie es mir gehe oder was ich läse oder was mich beschäftige – irgendetwas in der Art hatte er wissen wollen. Ich glaube, ich hatte ihm kurz zuvor sein mangelndes Interesse zum Vorwurf gemacht. Ein solches Gespräch nun wie auf Knopfdruck zu führen, war für mich unmöglich. Daraufhin hatte mir mein Vater zum darauffol-genden Weihnachtsfest 1983 ein »Brieftagebuch« geschenkt, in das wir, so sein Vorschlag, beide abwechselnd schreiben sollten. Ich wollte das nicht. Aber warum? Das war doch eigentlich ganz nett von ihm, habe ich vermutlich gedacht. Ich sollte ihm antworten, habe ich sicherlich auch gedacht. Es war doch gerade sein Desinteresse gewesen, das ich ihm immer vorgeworfen hatte. Jetzt interessierte er sich endlich mal für mich und nun war es mir auch wieder nicht recht … Ich hatte nicht geantwortet, aber ich hatte ein schlechtes Ge-wissen deswegen. Ich hatte noch keine Ahnung, keine Worte, keine Vorstellung, dass ich vielleicht gute Gründe für diese ›Verweigerung‹ hatte. »Man braucht sein volles Bewusstsein, um wütend zu werden«, schreibt Siri Hustvedt in *Damals*.

Pfingsten 1984, also ein knappes halbes Jahr später, schrieb mein Vater mir dann einen vorwurfsvollen Brief. Mein Vater, der sich kurz zuvor noch wortreich entschuldigt hatte für all seine Versäumnisse, mein Vater beklagte sich in diesem neuen, zweiten Brief, dass ich den »Ball nicht aufgenommen habe«, den er mir zugespielt hatte:

Es ist fast ein halbes Jahr verstrichen, seit du mein ›Angebot‹ auf dem Tisch liegen hast, aber Du ›mauerst‹, jedenfalls empfinde ich es so, gehst lässig darüber hinweg, als lohnte es sich nicht, auch nur mit einem Wort darauf einzugehen. Dies hat mich schon getroffen, so wie eine Enttäuschung uns zusetzt. Du kannst einem verdammt gut die ›kalte Schulter‹ zeigen. Aber vielleicht hast Du einfach keine Lust, bist zu faul, um Dich zu einer Antwort aufzuschwingen, das Ganze macht Dir halt keinen Spaß, und was bringt es schon, mit dem Herrn Papa sich über alles Mögliche und Unmögliche zu unterhalten, zu streiten über Gott und die Welt? Ich weiß es nicht genau, warum Du einen so irritierst. Es muß Dir ja klar sein, daß mir viel daran liegt, und wenn Du trotzdem so konstant und bewußt meiner Zuwendung den Rücken kehrst und gleichzeitig so tust, als sei alles o. k., als warte ich nicht begierig auf ein Zeichen Deinerseits, dann stimmt wohl etwas nicht. Dieses Verhalten, selbst wenn es nur eine ›Elefanten-Reaktion‹ aus lauter Dickfelligkeit und Phlegma wäre, ist jedenfalls in meinen Augen kein ehrliches Spiel. – Das Mindeste wäre ein freundliches Abwinken, was im Kern hieße, daß Du Dich nicht äußern möchtest.

Daraufhin hatte ich meinem Vater geantwortet. Freundlich. Ich könne mir mein Verhalten selbst nicht so recht erklären. Vielleicht sei ich doch ein bisschen verärgert gewesen über die Selbstverständlichkeit, mit der er meinte, über lebenslang Versäumtes hinweggehen zu können. Aber obwohl ich mich noch immer nicht wohlfühlte bei dem Gedanken an diesen Austausch, war ich auf ihn eingegangen, hatte ich meinem Vater geantwortet, hatte etwas von mir und von den Gedanken, die mir durch den Kopf gingen, preisgegeben – was mir bald Unbehagen bereitete. Als ich dann fünf Jahre später mit einem Gefühl des Aufbruchs aus Bonn wegging, verabschiedete ich mich auch von meinem Vater – mit einem Brief, den ich als eine schon lange überfällige Klarstellung empfand. Ein Brief, der für mich zumindest vorübergehend unsere Beziehung beendete oder ihr jedenfalls eine spürbare Zäsur zufügte. Eine Unterbrechung. Vielleicht würde es weitergehen, aber das hing von meinem Vater, von seiner Reaktion auf meinen Brief ab. Ich schrieb:

> Du schreibst, mein mögliches Gefühl, von Dir nicht geliebt worden zu sein, sei nicht zutreffend, weil Du Dich so sehr über das erste Mädchen in der Familie gefreut hättest. Zwei Sätze später schreibst Du, daß ich nach Deiner Vorstellung ›zu wenig‹ Mädchen war. Hast Du mich trotzdem geliebt? Und welcher Liebe bin ich möglicherweise verlustig gegangen, wo ich mich in deinen Worten zum ›Schmuse‹- oder ›Sexkätzchen‹ nicht eignete? Was für eine Tochter wolltest Du? Eine, die um Vaters Sessel schnurrt? Dankbar für jede, auch gedankenverlorene Aufmerksamkeit? Deine Wunschvorstellung finde ich ziemlich abstoßend. […] Ich finde es nicht schlimm, daß Du gerne eine Tochter gehabt hättest, die ›mädchenhafter‹ gewesen wäre. Schlimm finde ich, wie du damit umgehst: Du hättest versuchen können zu erklären, warum das so war, warum es so eine Bedeutung für dich hatte und ob die Mädchenrolle (Frauen-), die ich gewählt habe, wenn auch gerade nicht von Dir gewünscht, aber doch auch mitgeprägt war von Deinen Vorstellungen und Deinem Verhalten …

Zwei Jahre, nachdem er diesen ›Abschieds‹-Brief erhalten hatte (bis dahin hatte er sich mit keinem Wort dazu geäußert), schickte mein Vater mir eine Postkarte. Er schrieb von der Freude, die ich seiner Schwester mit einem Brief an sie bereitet habe, dass sie ihm davon erzählt habe und er diese schöne Nachricht an mich weiterleiten wolle. Er erwähnte seine »ganz persönlichen Briefschulden« mir gegenüber und dass er die Antwort, nach der er so lange schon suche, nicht finde. Vielleicht wäre es besser, schrieb er, wenn er sich stattdessen aufs Zuhören verlege. »Ich hoffe«, endet sein Schreiben, »daß Du in diesem Sinne eine Postkarte nicht nur als faulen Kompromiss ansiehst.«

Ich wünsche mir oft, ich hätte meinem Vater anders geschrieben, ich wäre ihm anders begegnet. Mit dem Wissen, mit der inneren Haltung von heute. Es gibt Tage, an denen ich mir sehr wünsche, ich hätte ihn unter Druck gesetzt, ich hätte ihn konfrontiert mit dem, was er getan hat. Mit den Folgen, die das hatte. Für mich, für meine Schwester, meine Brüder. Für diejenigen, die mit uns leben, uns verbunden sind. Für die Enkel:innen. Es gibt Tage, da wünsche ich mir, ich hätte damals schon Worte und eine Vorstellung gehabt von der Not, von dem Desaster, für das er verantwortlich ist. Es gibt auch Tage, an denen ich mir wünsche, ich wüsste von den Notlagen, in die er in seinem Leben, in seiner Kindheit geraten war, ich hätte ihn danach gefragt. Aber als diese Briefe geschrieben wurden, wusste ich so vieles noch nicht oder nicht mehr, hatte ich so vieles nicht ›erfasst‹. Also schrieb ich meinem Vater – in einem Ton, dessen Freundlichkeit mich manchmal überrascht, meistens befremdet –, dass ich weiterhin eine echte, eine substantielle Antwort auf meinen Brief von ihm erwartete:

Ich erwarte ja auch mitnichten, daß Du nun zu allen von mir angesprochenen Aspekten Stellung nimmst, Dich erklärst oder gar irgendwelche Selbstvorwürfe formulierst – aber es müßte doch zumindest einen Punkt geben, zu dem Du irgendetwas sagen kannst, und wenn Du auch nur schreibst, was Dich geärgert, verletzt oder enttäuscht hat. Du hast mir ja durchaus vermittelt, daß der Brief Dich sehr beschäftigt hat, aber was soll ich damit anfangen, wenn ich nicht die leiseste Ahnung habe, wie diese Beschäftigung aussah?

Einen Monat später antwortet mein Vater:

Für Deinen Brief danke ich Dir. Es war schon eine Zumutung,
Dir diese Karte zu schicken. Wenn man so etwas schreibt, sollte es
möglichst schnell wieder im Papierkorb verschwinden. [...] Schon
bei den ersten Worten an Dich merkte ich bald, daß da etwas nicht
stimmte. Wie konnte ich nach unserem Zerwürfnis einfach zur Ta-
gesordnung übergehen, Dir eine nette, aber belanglose Karte schrei-
ben, während in meiner Schublade Dein schwerwiegender Brief seit
Monaten [tatsächlich waren es zwei Jahre] unbeantwortet liegt? Erst
Deine Antwort, die ehrlich und klar war, hat mir gezeigt, daß es so
nicht geht. Heute sehe ich den Hintergedanken meiner freundlichen
Absicht sehr klar. Statt mich der immer noch ausstehenden Antwort
zu stellen, wollte ich durch kleine Aufmerksamkeiten, mit ›Schön-
tun‹, über das Atmosphärische eine Entspannung zwischen uns her-
beizaubern. Die Seifenblase mußte platzen wie ein allzu durchsich-
tiger Versuchsballon. − Daß ich dir eine Antwort schuldig bin, war
und ist für mich keine Frage. Aber ich wollte ein ›Zwischenspiel‹
einlegen, dich zu diesem oder jenem Entgegenkommen überreden.
Warum das alles? Ich hoffte wohl auf diese Weise, die in Deinem
Brief ausgesprochenen Erkenntnisse, die mich betreffen, in ihrer
Schonungslosigkeit und Härte etwas abmildern zu können. Dies
anzunehmen, war sicherlich reichlich naiv. Im Grunde entspricht
dies nicht meinem bereits begonnenen und immer wieder neu unter-
nommenen Versuch, Dir offen zu antworten. Erschwerend kommt
für mich hinzu, das möchte ich wenigstens andeuten, daß die anste-
hende Auseinandersetzung auch Tabubereiche betrifft, die nicht nur
das Vater-Tochter-Verhältnis berühren. Als ich über uns nachzuden-
ken begann, war die erste, simple Erkenntnis: Geschehenes kann
man nicht ungeschehen machen; aber ich ziehe daraus den umgekehr-
ten Schluß. Das ist meine kleine Vision: Nicht-Geschehenes (in der
gegenseitigen Wahrnehmung und Liebesmöglichkeit) geschehen zu
lassen. Aber der Anfang der Hoffnung, der erste Schritt in diesem
Neuland ist die Antwort auf Deinen Brief. Mit diesen Zeilen habe

ich einen ersten kleinen Schritt getan auf dem weiten Weg zu Dir. Ja,
ich habe eine Hoffnung. – Papa

Mein Vater blieb mir die mehrfach angekündigte Antwort
schuldig, bis er 15 Jahre, nachdem ich ausgezogen war, starb.
Es gibt allerdings noch den Entwurf eines Briefes, den er mir
offenbar zum Geburtstag schicken wollte und den ich nach
seinem Tod an mich genommen habe:

> *Liebe Jutta,*
>
> *ich weiß wohl, wozu ich Dir alles gratulieren kann, aber es ist mir*
> *nicht ebenso klar, was ich Dir wünschen soll. Dazu weiß ich leider –*
> *durch meine Versäumnisse – viel zu wenig von Dir. Meinen an-*
> *gekündigten Brief wollte ich Dir zu Deinem Geburtstag geschickt*
> *haben. Nur habe ich es wieder nicht geschafft. Dabei geht es nicht*
> *um die stilistische Form. Weit eher ist es eine Art Trauerarbeit. Dein*
> *Brief hat mich so bestürzt und ratlos gemacht, daß ich nach dem*
> *ersten Entsetzen nicht mehr wußte, wie ich mich selber verstehen soll.*
> *Eine Art Identitätskrise begann. Wenn ich Dir antworte, so dachte*
> *ich immer, müßte ich das Problem auf die ein oder andere Weise*
> *lösen. Das war ein Irrtum. Nach dem mißglückten Geburtstagsbrief*
> *weiß ich, daß ich einen bescheideneren Ansatz finden muß. Ich war*
> *immer versucht, von dem ramponierten, zerfledderten Vaterbild noch*
> *zu retten, was – in meinen Augen – noch zu retten sei … Das gebe*
> *ich auf. Diese persönliche Ehrenrettung führt nicht aus dem Zirkel*
> *narzißtischer Selbstbespiegelungen [an dieser Stelle ist es unmöglich,*
> *aus den Durchstreichungen und handschriftlichen Korrekturen einen*
> *kompletten Satz zu konstruieren, lesbar ist aber u. a. »wunden-*
> *schleckende Onanie des Selbstmitleids«].*

Für mich war es in dem Briefwechsel (jedenfalls in dem mir
bewusst zugänglichen Teil meines Denkens und Empfindens)
vor allem um eine ›normal‹ gescheiterte Vater-Tochter-Be-

ziehung gegangen. Gescheitert am mangelnden Interesse, an mangelnder Liebe. Und vielleicht auch irgendwie zusätzlich gescheitert an unangebrachten, unangemessenen, »abstoßenden« Erwartungen meines Vaters – aber das war für mich damals nicht der entscheidende Punkt. Nicht, wenn ich über meinen Vater nachdachte, nicht, wenn ich diese Briefe las. Aber offenbar gilt auch für diese Briefe, dass sie als Texte klüger waren, dass sie mehr Wissen enthielten, als in sie bewusst hineingelegt worden war: Ich hatte die Vorstellungen von der Tochter, die mein Vater sich gewünscht hatte und die ich nicht war, nicht nur kritisiert. Ich hatte sie »abstoßend« genannt. Vielleicht war es dieses Wort, vielleicht ein anderes, vielleicht kam es auf einzelne Wörter gar nicht an – jedenfalls konfrontierte mein Brief meinen Vater offenbar doch mit seinem Tun. Mit dem Desaster.

Wenn ich heute diese Briefe lese, dann staune ich, wie schräg, wie verrutscht und ja, eben auch wie irrsinnig das alles ist – und wie wenig mir das lange bewusst war, oder richtiger, wie wenig ich mir sicher war, ob es wirklich so schräg war oder ob ich mir das nur einbildete. Ich habe mich auch als erwachsene Frau noch gefragt, ob all das Unbehagliche, das sich für mich mit diesen Briefen verband, mit Formulierungen, die mein Vater wählte, nur einer übertriebenen Empfindlichkeit meinerseits entsprang. Ich staune, wie wenig ich realisiert habe, dass mein Vater hier die Übergriffe implizit zugibt, wenn er zum Beispiel schreibt, dass es um »Tabubereiche geht, die nicht nur das Vater-Tochter-Verhältnis berühren«. Wie verrückt auch das? All die vielen, vielen Jahre, in denen ich mich mit der Frage herumschlug, ob da »vielleicht etwas war«, in all diesen Jahren hatte ich so etwas wie ein Geständnis meines Vaters – das ich nur nicht zu lesen im Stande war.

Darf ich diese Briefe für diesen Text verwenden, insbesondere den nicht abgeschickten letzten? Ich habe mich das sehr ernsthaft gefragt und hatte nach kurzem Nachdenken das klare Gefühl, dass mein Vater für so viel ungeklärtes Unglück in meinem Leben, im Leben meiner Geschwister verantwortlich ist, dass er sich gefallen lassen muss, zur Klärung beizutragen, wo immer das möglich ist. Insofern besteht in meinen Augen ein kategorialer Unterschied zwischen den Rechten meiner Geschwister und denen meiner Eltern (siehe *Darf ich das* oder *Wem gehört diese Geschichte?*).

Ich hatte das starke Gefühl der Berechtigung, aber manchmal schwankte ich auch. Und dann stieß ich bei der Suche nach einem Buch auf ein anderes, auf eines, das ich in die zweite Reihe meines Regals verbannt hatte: *Malina*. *Malina* ist der Titel eines Romans von Ingeborg Bachmann, und er gilt als ein Text, der vom Inzest erzählt. Dieses Buch gehörte zu einer Handvoll Büchern, die ich nach dem Tod meines Vater an mich genommen hatte. Ich kannte es nur dem Titel nach, aber ich hatte beim Durchblättern festgestellt, dass mein Vater darin zahlreiche Unterstreichungen vorgenommen hatte. Ich hatte es in die zweite Reihe verbannt, weil ich es nicht immer sehen wollte. Es für diesen Text in die Hand zu nehmen, gehörte zu den kleineren ›Mutproben‹, die mit dem Schreiben verbunden waren, die durch das Schreiben vielleicht auch erst möglich wurden. Ich habe es noch immer nicht gelesen, aber ich habe mir einige der markierten Stellen angesehen, zumindest die zwei, die mehrfach angestrichen sind. Eine davon lautet:

Nach dem Fall Kranewitzer habe ich meine Post aus vielen Jahren verbrannt, danach fing ich an, ganz andere Briefe zu schreiben, meistens spät nachts, bis acht Uhr früh. Auf diese

Briefe, die ich alle nicht abschickte, kommt es mir aber an. Ich muß in diesen vier, fünf Jahren etwa zehntausend Briefe geschrieben haben, für mich allein, in denen alles stand. Ich öffne auch viele Briefe nicht, ich versuche, mich im Briefgeheimnis zu üben, mich auf die Höhe dieses Gedankens von Kranewitzer zu bringen, das Unerlaubte zu begreifen, das darin bestehen könnte, einen Brief zu lesen. Aber immer noch habe ich Rückfälle, weil ich plötzlich doch einen aufmache und lese, ihn dann sogar herumliegen lasse, so daß du ihn, zum Beispiel, lesen könntest, während ich in der Küche bin.

Mein Vater starb an einer Blutkrankheit, an der er seit vielen Jahren litt. Sein Tod rückte über einen langen Zeitraum unübersehbar näher. Ich glaube, mein Vater wusste, was er tat, als er den angefangenen Geburtstagsbrief nicht vernichtete. Mir gefällt die Vorstellung, dass er vielleicht etwas zur Klärung beitragen wollte – ganz unabhängig davon, wie zutreffend sie ist.

Ich möchte vom Irrsinn erzählen, das habe ich, während ich an diesem Text schrieb, immer klarer empfunden. Einem Irrsinn, der das Teilen von Erfahrungen, der das Erzählen so schwierig macht. Ich möchte vom Irrsinn erzählen, und ich habe mich gefragt, wie mir das gelingen soll, da er sich mit so einer Meisterschaft maskiert, getarnt, versteckt hat in meiner Vergangenheit, in meinem Leben … Wo zeigt er sich einmal vollkommen offen, ungeschminkt, so dass er sich auch ohne Vorkenntnis, ohne Zusatzinformationen, ohne umständliche Erläuterungen zu erkennen gibt? Vielleicht in der Geschichte von C., die ein häufiger, gern gesehener Gast in meinem Elternhaus war. C. war zum Studium nach Bonn gekommen und um mehrere Ecken mit uns verwandt. Einige Jahre später verließ sie Bonn. Aber sie blieb in der Familie präsent oder wurde es jedenfalls irgendwann wieder – als sie ihre eigene Familie mit den sexuellen Übergriffen ihres Vaters konfrontierte. Ihr geschah, was Jennifer Freyd als typische Täter-Opfer-Umkehr beschreibt: Die Familie, einschließlich ihrer Brüder, gab ihr die Schuld, nachdem sie den Vater mit seinen Handlungen, mit deren Folgen für sie konfrontiert hatte. Nicht der Vater, sie war es, die sich rechtfertigen musste, nicht der Vater, sie war es, die ausgeschlossen wurde. Und meine Eltern? Ergriffen für C. Partei – jedenfalls in den Gesprächen, die in unserer Familie darüber geführt wurden. Ich kann mich noch gut erinnern an die Empörung meiner Eltern. Diese Empörung ist für mich der groteske Höhepunkt eines sich bis zur Unkenntlichkeit maskierenden Irrsinns. Ich weiß nicht, ob es Menschen, ob es Expert:innen gibt, die verstehen, was genau damals in meinen Eltern vorgegangen ist. Ich kann es nicht – aber es erscheint mir auch nicht notwendig. Notwendig erscheint es mir, vom Ausmaß dieses Irrsinn zu erzählen, zu dessen perfidesten Aspekten gehört, dass er bisweilen wie eine vollkommen lächerliche, groteske Übertreibung seiner selbst wirkt und ich mich in diesen Momenten noch immer frage: Wer wird, wer kann mir das glauben?

DAS SCHIFF ÜBER DEN BERG ZIEHEN

Wie habe ich mich vom Abgrund entfernen können? Ich werde in diesem Kapitel versuchen, davon zu erzählen, oder vielleicht kann ich zumindest einige Entwicklungslinien andeuten – denn restlos verstanden habe ich selbst nicht, wie das möglich war. Rückblickend erstaunt mich die Hartnäckigkeit, mit der ich bei Frau H. immer und immer wieder die gleichen Steine den Berg hochgewälzt habe, mich erstaunt, aus wie vielen Richtungen ich zu verstehen versucht habe, was alles mit mir und meinem Leben nicht stimmte und wie ich daran etwas ändern könnte. Um von den Prozessen, die sich in meinem Inneren vollzogen, erzählen zu können, muss ich ihnen eine Struktur, eine innere Logik geben, die sie so nicht hatten. Wenn ich an diese Zeit denke, kommt mir ein Topf mit Wasser in den Sinn, der langsam erwärmt wird. Wie viel Wärme entsteht, bis erste Bläschen aufsteigen, bis man irgendetwas sehen kann? So ähnlich kommt es mir heute vor, so ähnlich bewegte sich in diesen Jahren unglaublich viel in meinem Inneren, ohne dass es sichtbar gewesen wäre, ohne dass ich es in seinen winzigen Veränderungen habe wahrnehmen oder gar verstehen können.

Auf jeden Fall war es ein spiralförmiger Prozess, bei dem ich große (Um-)Wege gehen musste, um ein kleines bisschen weiterzukommen. So habe ich es – trotz aller Hartnäckigkeit – jedenfalls oft und manchmal durchaus hadernd empfunden. Denn auch, als sich dann manches endlich positiv entwickelte, gab es immer wieder Rückschläge. Immer wieder tauchten neue Probleme auf. Ich drehte ja nicht ›nur‹ bei Frau H. durch. Obwohl ich mit den meisten Menschen sehr gut und kollegial zusammenarbeiten konnte, gab es einige wenige, die mir damals auf eine diffuse Weise ›gefährlich‹ erschienen (rückblickend würde ich sie als manipulativ beschreiben), mit denen ich es nicht in einem Raum aushielt. Es gab Jobs, in die ich mich mit viel Aufwand eingearbeitet hatte, die mir schlaflose Nächte bereitet hatten und die ich dann aufgeben musste, als es endlich besser wurde – weil ich mit einer Kollegin nicht an einem Tisch sitzen konnte. Mir fehlte so vieles, das ich dringend benötigte und zugleich unmöglich nachholen konnte: Berufserfahrung und Zertifikate, Kontakte und Beziehungen, Lektüren und Texte. Ich war mit allem viel zu spät dran. Mir fehlten diese mindestens 15 Jahre, in denen ich mich aus dem Leben zurückgezogen hatte. Und obwohl mir so vieles fehlte, obwohl ich also eigentlich richtig hätte Gas geben müssen, war ich genau dazu nicht in der Lage, im Gegenteil: Ich besaß weniger Energie als viele andere, die ich kannte, war weniger belastbar, schneller müde und erschöpft. Ich war langsamer als andere – wie sollte ich so jemals den Vorsprung aufholen, den sie hatten?

Dass man ein Ziel aufgeben muss (und zwar wirklich und restlos und ohne Hintergedanken), um es zu erreichen, ist eine dieser paradoxen Erfahrungen, die sich nach zu viel Lektüre chinesischer Glückskekse anhört – aber ich glaube, so ähnlich ist es gewesen. Erst als ich bereit war, zu akzeptieren, dass es war, wie es war, tauchten am Horizont echte Veränderungsmöglichkeiten auf. ›Es‹ – damit meine ich gar nicht nur oder in erster Linie die sexuellen Übergriffe meines Vaters oder die emotionale Abwesenheit meiner Mutter, sondern einfach alles. Die Verrenkungen, die Irrtümer, die vielen Umwege und gescheiterten Anläufe. Die Enttäuschungen, die ich mir und anderen zugefügt habe. Die Maskeraden. Die sprachlose, ratlose Not, in der ich mich befunden habe. Ich wollte das alles nicht – ich wollte eine andere sein! Ich habe mich mit Händen und Füßen und allen Verrenkungen, die mir möglich waren, gegen die stabile, die klare Erkenntnis gewehrt, dass mit mir und meinem Leben sehr vieles nicht in Ordnung war. Als würde ich den letzten Faden, der mich mit einem halbwegs normalen Leben verband, verlieren, wenn ich anerkannte, wie weit ich davon entfernt war. Ich glaube, das war die größte, die schwierigste Herausforderung, die ich zu meistern hatte: zu akzeptieren, dass es war, wie es war. Dass ich die Eltern und die Vergangenheit, das Leben und all die Probleme hatte, die ich hatte.

Wie gerne wäre ich zum Beispiel die vertrauensvolle Person gewesen, die zu sein ich mir mein Leben lang eingebildet hatte. Auch das überwältigende, sprachlose Misstrauen, in das ich Frau H. gegenüber immer wieder geriet, konnte ich mir erst mit langem Anlauf eingestehen. Wie so vieles andere auch war es da und zugleich nicht da. Ich habe es nicht bewusst wahrgenommen und zugleich kam es mir ständig in die Quere, es bescherte mir Albträume, in denen ich von Frau H. ausgenutzt und überwältigt wurde, es ließ mich an ihrer Integrität und Kompetenz zweifeln. Sobald es mir halbwegs bewusst wurde, habe ich mich geschämt für dieses Misstrauen, in das ich auch noch geriet, als mir die Erfahrungen unserer Zusammenarbeit hätten erzählen müssen, wie unberechtigt es war. Und es hat mich erleichtert, als ich las, dass auch dieses Misstrauen typischer Bestandteil der »traumatischen Geschichte« ist:

Obwohl der traumatisierte Patient sich verzweifelt danach sehnt, auf die Integrität und die Kompetenz des Therapeuten vertrauen zu können, ist er nicht dazu in der Lage, weil seine Fähigkeit zu vertrauen durch die traumatische Erfahrung verstümmelt wurde. […] Er nimmt im allgemeinen an, dass der Therapeut entweder nicht fähig oder nicht willens ist, ihm zu helfen. (Judith Herman: 190)

Ich bin überzeugt, dass in der Begegnung mit Frau H. kaum etwas so wichtig war, wie ihre Integrität zu erleben. Ich musste nochmals in eine Position kommen, in der ich vollkommen ausgeliefert war. Eine Position, die Frau H. hätte ausnutzen können. Alle Macht lag auf ihrer Seite. Aber sie tat es nicht. Im Gegenteil. Meine Unterlegenheit begründete ihre besondere Verantwortung, wie es schon bei meinen Eltern der Fall hätte sein sollen. Es ist ja gerade die Schutzbedürftigkeit, die Wehrlosigkeit Abhängiger, die (auch im Recht) eine besondere Verantwortung derjenigen begründet, die in der überlegenen Position sind. Frau H.s Integrität ermöglichte es mir, das so lange Unvorstellbare zu wagen: zu vertrauen. Ihr und, das ist ja der wunderbare ›Trick‹ an Psychotherapien, damit in der Folge auch anderen Menschen.

»Zwischen Henker und Opfer zerreißt das empathische Band«, schreibt Dori Laub (2000a: 862). Aber, ergänzt er, und das ist sicherlich noch verhängnisvoller, damit reißt auch das Band, das das Opfer mit anderen und schließlich auch mit sich selbst verbindet. Besser als mit diesem Bild kann ich nicht erklären, welche mühselige Aufgabe im Zentrum der Therapie stand: das Band wieder zu knüpfen, wiederherzustellen, das gerissen war … Und vielleicht erklärt dieses Bild von dem zerrissenen Band auch, wie entscheidend es ist, was für (Bindungs)-Erfahrungen Menschen *vor* einem traumatischen Ereignis gemacht haben. Wie stärkend diese sein können und wie problematisch es ist, wenn diejenigen, die für die Herstellung dieses Bandes zuständig wären, gleichzeitig diejenigen sind, die die dünnen Fäden, die vielleicht nur existieren, immer wieder machtvoll zerstören.

Irvin D. Yalom zitiert in seinem Buch *Existentielle Psychotherapie* unterschiedlichste Antworten, die Therapeut:innen auf die Frage nach Wendepunkten (!) in der Therapie nannten. Er hat diese Liste nach eigener Angabe dem Text *Critical Incidents in Psychotherapy* (Standal/Corsini 1959) entnommen: »Die große Mehrzahl dieser entscheidenden Ereignisse besteht darin, dass der Therapeut aus seiner professionellen Rolle heraustritt und sich auf sehr menschliche Weise einlässt.« (Bei Yalom auf S. 476) Meistens sind es besonders freundliche Gesten oder Impulse, die eine Veränderung auslösen, wie bei dem Therapeuten, der eine Patientin, die in Panik geraten war angesichts einer wackligen Holzbrücke, über die sie gehen musste, um das Ferienhaus verlassen zu können, abholte und nach Hause fuhr. Aber die Wahrnehmung eines echten Engagements kann auch anders zustande kommen: Ein Therapeut berichtet von der positiven Wirkung, die es hatte, als er (nachdem ihn der Patient mehrere Sitzungen lang persönlich angegriffen und seine Kompetenz in Frage gestellt hatte) ganz unprofessionell »explodierte«: »Ich fing an, auf dem Tisch mit meinen Fäusten herumzuschlagen und schrie, verdammt noch mal – schau, warum lässt du nicht den verbalen Dünnschiss sein und lässt uns dazu kommen, Dich zu verstehen, und hörst auf, auf mich einzuschlagen? Welche Fehler ich auch immer habe, und ich habe viele, sie haben nichts mit deinen Problemen zu tun. Ich bin auch ein menschliches Wesen, und heute war ein schlechter Tag …« In einem Buch über (vermeintlich) *Aussichtslose Fälle* (Duncan u.a.: 45) wird eine Patientin mit einer ähnlichen Erfahrung zitiert: »Und ich hab daran gedacht, wie Sie das eine Mal extra ins Büro gefahren sind, um meine Telefonnummer zu holen, weil ich sie nicht auf dem Anrufbeantworter bei Ihnen zu Hause hinterlassen hatte.«

Ich glaube, auch für mich war es sehr wichtig, die Vorstellung entwickeln zu können, dass Frau H. echtes Mitgefühl für mich, für meine Lage hatte. Dass ich mir allmählich vorstellen konnte, dass sie mir wirklich helfen wollte, dass sie nicht nur ›ihren Job machte‹. Ich glaube, dass bei Menschen wie mir, deren Persönlichkeitsentwicklung sehr früh und sehr nachdrücklich gestört wurde, vor allem eines wichtig ist: dass sie auf Therapeut:innen treffen, die eine große Offenheit für die Suche nach einem Weg besitzen, auf dem man gemeinsam unwegsames, phasenweise gefährliches Gelände durchqueren kann. Die bereit sind, nach Lösungen für die immer wieder neu auftretenden Probleme zu suchen. Die über Geduld und Humor verfügen. Ich habe das große Glück gehabt, dass ich gleich zweimal solchen Therapeut:innen begegnet bin, die mir entscheidend geholfen haben, das Schiff über den Berg zu ziehen.

Das Schiff über den Berg ziehen … An einem dieser Abende in den Jahren der großen Krise, an denen ich noch lange wach war, weil ich das Trinken als Möglichkeit, in den Schlaf zu finden, mittlerweile aufgegeben hatte, an einem dieser Abende saß ich noch lange vor dem Fernseher und geriet beim zufälligen Zappen in *Fitzcarraldo,* einen Film Werner Herzogs, den ich dem Titel nach kannte, aber noch nicht gesehen hatte. Es ist ein Film, der auf mehreren Ebenen vom Irrsinn erzählt. Im Mittelpunkt der Geschichte steht der von Klaus Kinski gespielte Abenteurer und Opernliebhaber

Brian Sweeney Fitzgerald (Fitzcarraldo genannt), der es sich in den Kopf gesetzt hat, mitten im Dschungel ein Opernhaus zu errichten, in dem Enrico Caruso auftreten soll. Die einzige Möglichkeit, diesen Plan umzusetzen, besteht darin, einen alten Flussdampfer von peruanischen Ureinwohnern über einen bewaldeten Bergrücken ziehen zu lassen, um ihn dann auf dem Fluss, der auf der anderen Seite des Berges fließt, als Transportschiff einzusetzen. Ein verrückter, unmöglicher Plan. Ich verfolgte den Film mit banger Faszination. Ich verfolgte, wie das Unmögliche gelingt und das Schiff tatsächlich unter enormen Anstrengungen und Opfern über den Berg gezogen wird – und der ursprüngliche Plan (der Bau des Opernhauses) dennoch scheitert. Aber das interessierte mich nicht. Mich interessierte nur eins: Endlich verfügte ich über ein Bild, das meine Situation exakt beschrieb – auch ich musste ein Schiff über den Berg ziehen. Auch ich hatte eine unmögliche Aufgabe zu bewältigen.

Mich hat dieses Bild lange beschäftigt. Wie oft habe ich mir ein solches Schiff vorgestellt (meist befand es sich kurz vor dem Gipfel und drohte, im nächsten Moment wieder hinunter zu krachen). Während sich in dem Bild von der *Frau am Abgrund* meine Vergangenheit verdichtete, fand ich im *Schiff am Berg* die Unmöglichkeit meiner aktuellen Situation beschrieben. Und obwohl ich wusste, dass es sich um eine restlos erfundene Filmgeschichte handelte, machte sie mir Mut. Irgendwie stärkte sie meinen Glauben, dass das scheinbar Unmögliche auch mir gelingen könnte: Vielleicht würde ich meinem Leben doch noch eine entscheidende Wende zum Guten geben können.

Die Therapie, das Schreiben und die Lektüre der Texte anderer – ich glaube, es wäre mir nicht möglich gewesen, das

Schiff über den Berg zu ziehen, wenn ich nicht aus jedem dieser drei Bereiche immer wieder entscheidende Impulse erhalten hätte. Es ist ein großer Satz, aber ich glaube, es gäbe dieses Buch vermutlich nicht, wenn ich nicht in den Monaten, in denen mir das Ausmaß meiner Sprachlosigkeit erstmals bewusst wurde, auf Boris Cyrulnik gestoßen wäre. Auch das war eine der Sackgassen, in die ich immer wieder geriet: die Sorge, dass die Suche nach so etwas Ähnlichem wie ›meiner Geschichte‹ vielleicht eine weitere Übertreibung wäre. War das Erzählen wirklich so wichtig, wie es mir vorkam?

Auf eine diffuse Weise war ich lange überzeugt, dass das Nichterzählenkönnen etwas Zusätzliches ist. Etwas, das dem eigentlichen, dem echten Problem (dem Trauma) nachfolgt. Ein Luxusproblem. Und dieser Gedanke von der Zusätzlichkeit ist ja nicht vollkommen falsch, denn natürlich stellt sich die Frage nach dem Erzählenkönnen erst, wenn eine/r die unmittelbare Gefahrenzone hinter sich gelassen hat. Das Erzählen ist dem Erleben immer zumindest einen Atemzug hinterher. Nachträglich, aber deswegen kein Luxus, auf den wir auch verzichten könnten. Ich habe das auf eine tiefe Weise erst verstanden, als ich Boris Cyrulniks Lebenserinnerung *Rette dich, das Leben ruft!* las. Boris Cyrulnik, dessen Eltern im Konzentrationslager umgebracht worden waren, der so früh so sehr auf sich allein gestellt gewesen war, hielt für möglich, dass ihn weniger diese furchtbaren Ereignisse beschädigt hatten als die Unmöglichkeit, von ihnen zu erzählen: »Naiv habe ich geglaubt, die Ereignisse des Kriegs hätten genügt, um das ganze Ausmaß meines Traumas zu bestimmen. Heute frage ich mich, ob dieser Umstand, dass ich mich auch noch im Frieden zum Schweigen gezwungen sah, eine viel größere Verletzung hervorgerufen hat.« (2014: 65)

Als ich verzweifelt und zutiefst irritiert war von dem Ausmaß der Abhängigkeit von Frau H., in die ich geraten war, hat mir das Buch *Verlassenheitspanik und Trennungsangst* von Rainer Rehberger sehr geholfen, allein schon dadurch, dass es mir erzählte, dass auch anderen so etwas widerfährt. Carolin Emcke und Siri Hustvedt tauchen in diesem Text mehrfach auf und waren für mich immer wieder so etwas wie eine Rückversicherung. Alison Bechdel. Mithu Sanyal. Maggie Nelson. Daniel Schreiber. So viele Lektüren haben sich in diesen Text eingeschrieben – und vieles andere natürlich auch: die Erfahrungen, die ich in meiner sich über Jahrzehnte bewährenden und wandelnden Beziehung machte, die freundschaftlichen Begegnungen und Gespräche, ja überhaupt die Resonanz, die ich bei anderen fand, nicht zuletzt mit dem Austausch, den mir enge Freund:innen über Jahre zu den unzähligen Versionen dieses Textes ermöglichten.

Und immer wieder waren es einzelne Sätze, die mir wie ein Kompass die Richtung wiesen. Auch *Mein Leben war nicht, wie es war* war so ein Satz! Kein Bild, keine Frage – eine Aussage! Eine Aussage über mich und mein Leben. Und wie das Bild von der am Abgrund jonglierenden Frau enthielt der Satz seine eigene Unmöglichkeit und zugleich eine große Wahrheit. Meine Wahrheit. Mein Leben war nicht, wie es war. Ein Satz, den ich Jahre zuvor noch zurückgewiesen hätte und als unsinnig angesehen und kritisiert hätte. Er WAR ja auch unsinnig – aber zugleich war er das Richtigste, das Wahrste, was ich über mich und mein Leben sagen konnte. Es kommt mir so vor, als hätte er mich über Jahre permanent begleitet, wäre immer irgendwie da gewesen, wie ein Rauschen im Hintergrund.

Ich schrieb einen Roman. Christoph, dem ich den Satz in den Mund legte, gab es schon, als es den Satz noch nicht gab. Seine Existenz war allerdings von Anfang an prekär, denn das Erste, was ich über Christoph wusste, war, dass er nicht da war. »Christoph ist verschwunden«, mit diesem Satz trat Christoph in mein Leben, es war lange Zeit der erste Satz des Textes, aus dem dann mit der Zeit die *Wiederholten Verdächtigungen* wurden. Ich schrieb auch deswegen sechs lange Jahre an dem Roman, weil sich meine Vorstellung, wovon der Text erzählen sollte, immer wieder wandelte. Ich hätte vermutlich zu keinem Zeitpunkt gesagt, dass ich eine Geschichte für ›meinen‹ Satz suchte, ich hätte vermutlich diesen Satz, obwohl er mir ständig im Kopf herumspukte, noch nicht einmal als ›meinen Satz‹ bezeichnet. Wonach ich irgendwann sehr bewusst suchte: nach einer Geschichte, in der sich jemand selbst zum Rätsel wird, in der jemand nicht versteht, warum er sich so verhält, wie er sich verhält. Es nicht verstehen *kann,* weil er nicht weiß, dass die Bedeutung, der Sinn seiner Handlungen wie die herausgefallenen Steine eines Mosaiks nur zu verstehen ist, wenn man das Ganze kennt, wenn man sie in einem generationenübergreifenden Kontext betrachtet.

Als die Erzählhandlung einsetzt, weiß Christoph noch nichts von Matthias, dem älteren Bruder, der starb, als die Mutter mit Christoph schwanger war. Er weiß auch nicht, dass die genauen Todes-Umstände für den Vater unklar blieben, weil die Mutter, die mit dem Kind allein gewesen war, angesichts des Schocks verstummte. Sie sprach nicht nur nicht über den Unfall, sondern überhaupt nicht mehr. Monatelang. Und erst als Christoph auf die Welt gekommen war, fing sie wieder zu reden an – zunächst nur mit ihm. Ihr Mann hatte dieses zaghafte, leise Sprechen auf keinen Fall gefährden wollen und deswegen die Fragen heruntergeschluckt, die ihm wie ein Kloß im Hals saßen. Vor allem die eine Frage, die ihn immer wieder bedrängte: ob Christoph in Gefahr war bei der offenbar depressiven Mutter. Der Vater wusste nicht, wie sein Sohn gestorben war, und Christophs Mutter wusste nichts von den wiederholten Verdächtigungen ihres Mannes, sie wusste nicht, warum der Vater Christoph immer wieder überstürzt zu seiner Schwester brachte; sie dachte, ihr Mann wolle ihr eine Atempause verschaffen, wolle ihr etwas Gutes tun. Und Christoph schließlich konnte nicht wissen, wie sehr sich in den für ihn selbst unverständlichen Rettungsphantasien, die er auf seinen Neffen Finn richtete, ein altes Muster wiederholte.

Die Geschichte, die ich erzählen wollte, sollte nicht von einem ›schlichten‹ Familiengeheimnis, von einer zurückgehaltenen Information ausgelöst sein, es durfte ›die Geschichte‹ noch gar nicht geben, niemand durfte alles wissen, alles erfassen, niemand durfte auf eine simple Weise durchschauen, was mit Christoph los war. Niemand, auch die Leser:innen nicht. Erst vor ihren Augen fügen sich einige Mosaiksteine lose zusammen – bleibt anderes offen. Heute staune ich, wie sehr und auf wie vielen Ebenen die *Wiederholten Verdächtigungen* von Unsichtbarkeit erzählen, von Ratlosigkeit, auf wie vielen Ebenen dieser Roman mit mir zu tun hat.

Das erscheint mir insofern bemerkenswert, als *dieser* Text nicht zuletzt ausgelöst wurde von der Frage einer Journalistin, was die *Wiederholten Verdächtigungen* mit mir zu tun hätten. 2015 war das, kurz nach dem Erscheinen des Romans. Ich hatte diesem Interviewtermin ein bisschen aufgeregt, aber vor allem neugierig und mit Vorfreude entgegengesehen und war überzeugt, dass ich auf alle einschlägigen Fragen eine Antwort hätte – also selbstverständlich auch auf die stets auftauchende Frage nach den autobiografischen Hintergründen. Auf die hatte ich eigentlich sogar zwei Antworten: eine kurze, in der ich Eugen Ruge zitierte (»Erfinden, um zu erzählen, wie es war«), und eine längere, bei der ich versuchte, ein Zitat von Jonathan Franzen unfallfrei aufzusagen (»Je größer der autobiografische Gehalt im Werk eines Schriftstellers, desto geringer die oberflächliche Ähnlichkeit mit seinem eigenen Leben«). Mir kamen diese Antworten damals nicht wie Ausweichmanöver vor, ich war ganz im Gegenteil überzeugt, damit erhellend, aussagekräftig, und ja, sogar sehr persönlich Auskunft über mich und mein Schreiben zu geben – bis diese Journalistin nachfragte, was das denn bedeute. Konkret.

Konkret war das Problem. *Mein* Problem. Das wurde mir erst in diesen Wochen und Monaten nach dem Interview klar. Ich konnte nicht nur diese eine Frage nicht beantworten, ich konnte die meisten Fragen nicht konkret beantworten, die mit mir und meinem Leben zu tun hatten. In meiner großen Freude und Erleichterung über all die erfundenen Bilder und Geschichten, mit denen es mir erstmals gelungen war, einen symbolischen Raum zu betreten, hatte ich übersehen, was sie zugleich alles offen ließen. Diese Geschichten und Bilder enthielten gerade *nicht,* was Lebensgeschichten normalerweise ausmacht: die individuellen Details meines Lebens. Sie enthielten das Allgemeine einer Erfahrung, aber eben nicht das Spezielle *meiner* Erfahrungen.

Konkret werden – das ist, wenn es ums Schreiben geht, fast immer eine gute Idee. Konkret ist anschaulicher, verständlicher, detaillierter. Vielleicht war das Grund dafür, dass ich, als ich diesen Text zu schreiben anfing, für eine Weile ernsthaft erwog, die Metaphern und Bilder, ja insbesondere die *Frau am Abgrund* aus dem Text zu verbannen. Sie hatte mir gute Dienste erwiesen, aber jetzt wollte ich sie loswerden.

Ich wollte von mir erzählen und von dem, was ich erlebt hatte, von meinen Eltern wollte ich erzählen und von den ganzen Irrtümern, in die ich mich verstrickt hatte. Aber wie? Wie sollte ich erzählen, wenn mir die Erinnerungen an die entscheidenden Situationen fehlten, wenn umgekehrt meine Erinnerungen sich nur zu einer vollkommen falschen, irreführenden Version zusammenfügten? Was ich erzählen konnte, stimmte nicht – was stimmte, konnte ich nicht erzählen.

UNGEPLANTER PERSPEKTIVENWECHSEL ODER
DIE GESCHICHTE MEINER MUTTER

Nachdem sich die Übergriffe meines Vaters in eine Gewissheit verwandelt und durch die konkreten Erinnerungen meines Bruders jede vermeintliche Harmlosigkeit eingebüßt hatten, kämpfte meine Mutter zunächst gegen den Riss an, der sich nun klarer zwischen ihr und uns Kindern auftat. Sie tat das auf unterschiedliche Weisen: indem sie zu verteidigen versuchte, was nicht mehr zu verteidigen war (»Es war doch nicht alles schlecht!«), indem sie sich ebenfalls als Opfer meines Vaters sah, der ihr angetan hatte, dass er uns etwas angetan hatte, das nun das Bild der ›guten‹, der zumindest ›normalen‹ Familie zu zerstören drohte, und schließlich indem sie ihren ›guten Willen‹ bewies und sich am ›Aufklärungsprozess‹ beteiligte und Erinnerungen beisteuerte. Zum Beispiel die Erinnerung, dass mein Vater ihr einmal erzählt habe, der Priester, bei dem er die Beichte abgelegt hatte, habe zu ihm gesagt, »das, was er da gebeichtet habe, sei ja viel schlimmer als seine Frau zu betrügen«. Obwohl es eigentlich nicht besonders viel gibt, das man für dieses ›das‹ einsetzen kann, damit der »schlimmer als«-Satz Sinn ergibt, behauptete meine Mutter weiterhin, sie habe nichts gewusst.

Ich hatte, nachdem ich von der Badezimmer-Szene und ›allem anderen‹ erfahren hatte, meiner Mutter einen Brief geschrieben und ihr mitgeteilt, dass ich einen Pause bräuchte. Dass ich fassungslos sei. Dass ich ihr nicht begegnen könne, weil ich nicht wisse, was wir machen sollten: Darüber reden ginge für mich nicht – über etwas anderes reden ginge auch nicht. Auf meinen Brief hatte meine Mutter mir geantwortet:

Ich denke jeden Tag an Dich und bin sehr traurig, daß wir nur noch selten Kontakt haben. Nach den Gesprächen mit G. finde ich es unfaßbar, daß ich Dein Leid nicht erkannt habe. Bei ihm hat ein verzweifelter Blick genügt, um zu begreifen, was los war. Das macht mir große Schuldgefühle, und ich kann nur sagen, es tut mir sehr leid, daß ich offenbar total unsensibel war.

Unsensibel. Ich hatte nicht das Gefühl, dass dieses Wort auch nur annähernd traf, was das Problem am Verhalten meiner Mutter gewesen war. Ich weiß nicht, was meine Mutter damals wirklich dachte, was sie erinnerte und was nicht; ich glaube mittlerweile, dass auch diese Formulierungen in die Irre führen: Auch meine Mutter machte irrsinnige Verrenkungen, um den Abgrund, an dem sie ihr Leben verbracht hatte, nicht zu sehen. Um nicht anerkennen zu müssen, wie vergeblich, wie gescheitert all ihre Bemühungen nach einem halbwegs guten, halbwegs normalen Leben gewesen waren.

Aber das sind meine heutigen Gedanken, damals dachte ich: Wie konnte sie nur? Damals zog ich mich (endlich) zurück. Wie sollte ich mit meiner Mutter reden? Mit welcher Person hatte ich es denn überhaupt zu tun? Mit derjenigen, die uns Kinder so sehr im Stich gelassen, die uns verraten hatte, oder mit derjenigen, die darüber (wie mir schien) jetzt ehrlich entsetzt war? Oder mit einer Dritten, die sich fragte, wie sie bloß ihren Kopf aus der Schlinge ziehen konnte? Die behauptete, sich nicht zu erinnern …? Ich hatte schon größte Schwierigkeiten, Menschen zu vertrauen, an deren Integrität ich keinen Zweifel hatte, wie sollte ich meiner Mutter vertrauen?

Und dann, als meine Mutter im Alter von mehr als siebzig Jahren nicht mehr am Ausmaß des Unglücks vorbeisehen konnte, das sie und uns auf eine komplizierte Weise miteinander verband, begann auch sie, sich einer Psychotherapie zu unterziehen. Ich weiß nicht mehr, ob sie es mir selbst erzählte oder einer meiner Brüder, aber ich weiß noch, dass ich spontan dachte: Dann wird sie endlich eine Vorstellung davon bekommen, was sie uns angetan hat. »Angetan« – ich glaube, es war eine der wenigen Situationen, in denen ich dieses Wort zumindest in Gedanken verwendete.

Ich dachte, dass sie nun nicht mehr an den Folgen würde vorbeisehen können, die es *für uns* gehabt hatte. Und dann, viele Monate (oder vielleicht auch ein oder zwei Jahre) später, dachte ich auf einmal: Unsinn! Ohne dass ich es selbst bemerkt hatte, war der Gedanke an meine eine Therapie machende Mutter in meinem Kopf weitergewandert, und als er wieder an der Oberfläche meines Bewusstseins auftauchte, brachte er die Erkenntnis mit, dass meine Mutter diese Therapie nicht *für uns* machte und ihr Therapeut sein Honorar nicht wert wäre, wenn seine Arbeit mit meiner Mutter ein anderes Ziel hätte, als *ihr* zu helfen. Ihr zu helfen besser klarzukommen: mit sich selbst, mit uns, mit all dem, was ihr Leben ausmachte. Das Leben meiner Mutter. Was wusste ich eigentlich darüber? Wenig. Meine Eltern hatten selten etwas aus ihrer Kindheit oder Jugend erzählt. Die wenigen Ausnahmen waren Begegnungen mit ihren Geschwistern, Familienfeste. Dann wurde eine überschaubare Menge an Anekdoten immer wieder erzählt, vorrangig mit dem Ziel, allgemeine Heiterkeit hervorzurufen.

Meine Mutter war 1931 als jüngste von drei Töchtern nahe einer rheinischen Kleinstadt auf die Welt gekommen. Ihre

Mutter brachte die drei Schwestern mit einem kleinen Lebensmittelgeschäft durch die Kriegs- und Nachkriegsjahre. Dass auch meine Mutter einen Vater gehabt hatte, gehabt haben musste, obwohl von ihm nie die Rede war, realisierte ich erst spät, vielleicht als Jugendliche. Und vermutlich erst im Zusammenhang mit der Ungeheuerlichkeit, für die er stand: Scheidung! Was das bedeutete, wurde von unserer Mutter, sobald das Wort einmal ausgesprochen war, sehr eindringlich geschildert: dass sie mit anderen Kindern nicht mehr spielen durfte und die Straßenseite wechseln musste, wenn ihr dort ihr Vater begegnete. Aber warum hatte sich dieses so katholische Ehepaar scheiden lassen? Als die Frage irgendwann aufkam, hieß es, der Großvater habe im Krieg eine Geliebte gehabt – eine Geschichte, die nicht restlos überzeugte: Zwar handelte es sich beim ›Fremdgehen‹ um mehr als nur ein Kavaliersdelikt, aber durch den Krieg schien die moralische Verfehlung in keinem rechten Verhältnis zu stehen zu den Konsequenzen, mit denen die Großmutter sie ahndete. Diese Großmutter, die wenige Monate, bevor ich auf die Welt gekommen war, gestorben war, erschien nicht nur in dieser Geschichte als eine harte, stolze, prinzipienfeste Person, der man zwar nicht offen einen Vorwurf machen konnte (schließlich war sie betrogen worden), die aber dennoch die wahre ›Schuldige‹ zu sein schien – an der sozialen Ächtung und eben auch daran, dass die Töchter keinen Kontakt zum Vater haben durften.

Ich hatte mir immer ein Schulkind vorgestellt, wenn meine Mutter von dieser Scheidung und den schlimmen Konsequenzen erzählte oder davon, was für ein liebevoller Vater der Mann gewesen sei, den sie nun nicht mehr grüßen durfte und auf dessen Schneidertisch sie als kleines Mädchen so gerne und ausgiebig gesessen hatte, aber tatsächlich war sie schon ein junges Mädchen (16), als der Vater aus der Gefangenschaft heimkehrte, und eine junge Frau (18), als es zur Trennung der Eltern kam. Als ich über diese Ungereimtheiten stolperte und nachfragte, gab meine Mutter zu, dass sie nicht wirklich wisse, warum es zu dieser Trennung gekommen sei. Trennung hieß es jetzt und dass es eine förmliche Scheidung nie gegeben habe. Meine Mutter behauptete, dass auch die beiden älteren Schwestern den Grund nicht wüssten – jedenfalls gehe sie davon aus, geredet hätten sie nie darüber.

Wenn es Momente gab, in denen ich meine Mutter heiter und entspannt erlebt habe, dann war das, wenn die jüngere der beiden älteren Schwestern zu Besuch war. Dann wurde gelacht und gekichert und wir Kinder verfolgten regelmäßig mit banger Faszination, wie die Tante sich vor lauter Lachen irgendwann verschluckte und dann zu ersticken drohte – jedenfalls sollten alle sofort mit dem Lachen aufhören, was niemandem gelang, auch nicht unserer Mutter, die den ›Befehl‹ gegeben hatte. Während das Verhältnis zu der ältesten Schwester Maja immer kompliziert war, schien zwischen den beiden jüngeren eine echte und tiefe Zuneigung zu bestehen. Und trotzdem hatten sie nie darüber geredet, warum ihre Eltern sich hatten scheiden lassen? Was für eine seltsam unvollständige, irgendwie unglaubwürdige Geschichte …

Ich vermute, die meisten Menschen, die regelmäßig Geschichten erfinden, kennen die Erfahrung, dass angefangene Geschichten sich im Kopf einnisten und dort wie ein Sauerteig vor sich hin arbeiten, auch wenn man gerade nicht mit ihnen beschäftigt ist. Und dann kommt eines Tages der rettende Einfall, der die Geschichte aus der Sackgasse führt oder ihr wieder Energie verleiht – wie aus dem Nichts. Es fühlt sich so an, als habe das Gehirn ganz ohne expliziten Auftrag imVerborgenen weitergearbeitet und nach Lösungen gesucht, um sie zu präsentieren wie ein Zauberer das Kaninchen aus dem Hut. Auch über die Geschichte meiner Mutter, über die Ungereimtheiten darin hatte ich nicht bewusst nachgedacht, sie hatten mich nicht merklich beschäftigt, aber plötzlich war das Wort ›Kontaktsperre‹ in meinem Kopf. Hatten die Töchter ihren Vater nicht mehr sehen dürfen, weil er sie nicht mehr sehen sollte? »Oftmals sind die Täter in ihrer Kindheit selbst Opfer gewesen«, diesen Satz hatte ich zigmal gelesen, aber er hatte mich nicht sonderlich interessiert. Ich zweifelte ja die meiste Zeit, ob ich selbst ein Opfer gewesen war. Wenn ich schon kein Opfer war, gab es auch keine Täter und die Frage, ob die Täter einmal Opfer gewesen waren, war an Überflüssigkeit kaum zu überbieten. Und als ich dann endlich sicher war, dass mir etwas widerfahren war, das die Rede vom ›Opfer‹ angemessen erscheinen ließ, verspürte ich keinerlei Drang, über meine Eltern nachzudenken. War es nicht immer schon viel zu sehr um sie gegangen?

Die Perspektive meiner Mutter einzunehmen war keine bewusste Entscheidung: Irgendetwas hatte sich dadurch, dass auch meine Mutter einen Psychotherapeuten aufsuchte, in meinem Kopf verschoben. Mein Blick weitete sich, ohne dass ich es bewusst beabsichtigt hätte. Es geschah einfach. Und irgendwann (viele Jahre zuvor) hatte sich eben auch die Geschichte dieser seltsamen Trennung in meinem Kopf eingenistet. Eingenistet ganz in der Nähe all der anderen Geschichten, mit denen ich zu tun hatte (eigenen und fremden, erfundenen und realen) und mit denen immer irgendetwas (noch) nicht stimmte und für die es manchmal plötzlich eine Lösung zu geben schien. Et voilá: Kontaktsperre!

Diese plötzlichen Einfälle halten nicht immer, was sie auf den ersten Blick an Verbesserung versprechen, aber manchmal ist es auch umgekehrt und erst mit der Zeit erfasst man, dass die neue Figur, das andere Motiv oder der Verzicht auf eine überraschende Wendung viel mehr Probleme löst, als man vorher überhaupt erkannt hatte. So ging es mir, als mich der Gedanke durchzuckte, es könne bereits in der Familie meiner Mutter sexuelle Übergriffe durch den Vater gegeben haben. Auf einmal erschienen weitere Ungereimtheiten in einem anderen, in einem erstmals verständlichen Licht: das Ausmaß der psychischen Nöte, von denen auch die beiden anderen Schwestern betroffen waren – von denen die eine viele Jahre lang an Mutismus (einer psychisch bedingten Stummheit) litt, während die andere mit ihren zahllosen Beziehungsabbrüchen und ihrem Schwarzweiß-Denken jeder Klischeevorstellung einer Borderlinerin entsprach. Die Heirat der ältesten mit einem Mann, der zunächst und vom Alter her ein Freund der Eltern war, überhaupt die seltsame Rolle, die sie innerhalb der Familie spielte: Maja hatte sich – selbst gegenüber der so strengen Mutter – ein Verhalten erlaubt, das den Moralvorstellungen dieser streng katholischen Familie vollkommen widersprach, und war dennoch nicht zurechtgewiesen worden: Meine Mutter hatte mir beispielsweise als Erklärung für ihr angespanntes Verhältnis einmal erzählt, Maja habe kurz nach Kriegsende Lebensmittelkonserven, die sie irgendwo aufgetrieben hatte, unter ihrem Bett »gebunkert« und sich dann beim Abendessen genüsslich darüber hergemacht – ohne ihren beiden Schwestern oder der Mutter etwas davon abzugeben. Meine Mutter war, verständlicherweise, auch noch nach Jahrzehnten empört, aber es fiel ihr schwer, meine Irritation darüber nachzuvollziehen, dass die Schwestern und vor allem die Mutter dieses Verhalten toleriert hatten. Irgendwie schien das ganze verdrehte Familiengefüge jetzt erklärlich, aber konnte es denn stimmen?

Meine Mutter hatte immer voller Liebe und Zuneigung von ihrem Vater gesprochen! Es ist Teil des Irrsinns, dass das überhaupt nichts zu bedeuten hat …

Was weiß ich über das Leben meiner Mutter jenseits der bloßen Daten? Auch wenn das Unglück, die Anspannung, der Druck und die Unzufriedenheit in ihrem Leben sicherlich starken Schwankungen unterworfen waren, kann ich sie mir nicht als eine halbwegs glückliche oder zumindest zufriedene Person vorstellen. Ich vermute, dass die beste Zeit ihres Lebens die Zeit ihres Studiums war. Den zahlreichen Blicken der katholischen Kleinstadt und der Familie war sie entkommen und lebte nun in einer Universitätsstadt. Die beiden Schwestern waren verheiratet, die Mutter erhoffte sich zwar von der studierenden Tochter, dass sie einmal Lehrerin würde und, unverheiratet, die Mutter bei sich aufnähme, um sich um diese zu kümmern, aber das betraf nicht die unmittelbare Zukunft und ich weiß auch nicht, ob es für die Großmutter so etwas wie eine ausgemachte Sache war. Es gibt Fotos und Erzählungen aus dieser Zeit, in denen meine Mutter tatsächlich glücklich wirkt. Sie studierte Sport und Germanistik, sie fühlte sich den Anforderungen gewachsen und genoss die etwas lockerere und freiere Atmosphäre zwischen den Sportstudent:innen. Es entstand ein Freundeskreis, und vielleicht gefiel es ihr sogar, dass sie zwar »Verehrer«, aber keinen festen Freund hatte. Die Beziehung zu dem einen festen Freund, den sie gehabt und sehr geliebt hatte, war – so erzählte es mir eine Freundin meiner Mutter nach deren Tod – von dem Freund beendet worden, weil meine Mutter sich an das katholische Verbot vorehelicher Sexualität gebunden fühlte.
Nach dem Studium fand meine Mutter eine Anstellung als Sportreferentin eines katholischen Jugendverbandes in

einer anderen Stadt, auch die damit verbundenen Reisen und Vorträge, die Anerkennung, die sie erhielt, haben ihr sicherlich gut getan. Und dann lernte sie meinen Vater kennen, der ebenfalls für diesen Jugendverband arbeitete. Er warb um sie, hatte aber keine Chance – er war in keinerlei Hinsicht ›ihr Typ‹. Wenn es etwas gab, das meine Mutter an Männern schätzte, das sie immer wieder lobend erwähnte an Schauspielern, aber auch an Männern aus dem Freundeskreis, war das ein ›britischer‹ Stil: subtiler Humor, Selbstbeherrschung, tadellose Manieren und Haltung, sowohl im konkreten wie im übertragenen Sinne. Mein Vater war laut und impulsiv, er scherte sich wenig um Konventionen und Äußerlichkeiten und ignorierte Grenzen aller Art. Warum gab sie seinem Drängen dann doch nach? Warum heiratete sie diesen Mann, der sich in seiner Erscheinung, in seinem Auftreten so sehr unterschied von den Männern, die ihr gefielen? Lag es an ihrem Alter von Ende Zwanzig? An ihrer Angst, allein zu bleiben – und dann vielleicht doch und vielleicht schon bald die Mutter bei sich aufnehmen zu müssen? War ihr Wunsch nach einer eigenen Familie, nach Kindern, nach ›Normalität‹ so groß, dass sie in den ›sauren Apfel‹ biss? Und was an meinem Vater hat sie sich ›schönreden‹ können? Denn ganz sicher hat sie vor sich selbst diese Wahl nicht als die pragmatische Entscheidung eingestuft, als die sie einem Außenstehenden vorkommen muss. Vielleicht imponierte ihr auch die Hartnäckigkeit meines Vaters, schmeichelte sie ihr.

Gibt es in der Ehe der Großeltern eine Scheidung, die rätselhaft und in ein Schweigen gehüllt scheint, so ist es bei meinen Eltern nicht das Ende, das Fragen aufwirft, sondern der Anfang. Warum kommen diese beiden Menschen zusammen, warum heiraten sie, obwohl es so auf der Hand zu liegen scheint, dass sie nicht zueinander passen? Warum trennen sie sich nicht, später, als am Unglück dieser Beziehung nicht mehr vorbeizusehen ist? Oder ist es meiner Mutter gelungen, daran vorbeizusehen? Eine Frau, die am Abgrund steht und ihn nicht sieht …

… die nicht jongliert, sondern redet … Meine Mutter stand vor der Tür und redete. Mehrere Minuten stand sie so da und redete auf die Tür ein. Sie hatte mich vergessen, sobald ich aus ihrem Blickfeld geraten war, was ich ihr allerdings nicht übelnahm, damals vor ein paar Jahren, als sich diese Szene ereignete. Etwas gespenstisch kam es mir schon vor, aber zugleich auf eine komische, absurde Weise passend. Es war mein zweiter Besuch nach der langen Unterbrechung, ich war wegen eines Jobs am Theater in Bonn und war zum Mittagessen gekommen. Und nun stand meine Mutter vor der geschlossenen Wohnungstür und redete auf sie ein, als wäre sie ein Mensch. Oder als stünde ein Mensch dahinter.

Bevor es zu diesen Besuchen kam, hatten wir uns mehrere Jahre nicht gesehen. Wir hatten vielleicht zwei-, dreimal im Jahr telefoniert, aber wir sahen uns nicht. Nicht an den Feiertagen und nicht an den Geburtstagen, auch nicht, als meine Mutter 80 Jahre alt wurde. Meine Mutter nahm das zunächst hin (was sollte sie auch sonst tun), später erwähnte sie bei jedem Telefonat, wie viel es ihr bedeuten würde, wenn wir uns noch einmal sehen könnten. Ich hatte das Gefühl, dass sie auf eine für sie typische Art an mir zog und zerrte.

Das ging einige Jahre lang so. Und dann, ganz allmählich, hörte meine Mutter auf, an mir zu zerren. Sie sprach bei unseren seltenen Telefonaten nicht mehr davon, wie lange wir uns nicht mehr gesehen hätten und ob es nicht vielleicht doch demnächst noch einmal möglich sei. Sie freute sich, mich zu hören. Sie freute sich, dass es mir besser ging. Es kam mir so vor, als ob sie begriffen hätte, dass sie nach allem, was geschehen war, kein Recht mehr hatte, Forderungen oder Ansprüche an mich zu stellen. Natürlich bemerkte ich das nicht sofort, es war ja ein Prozess. Und als ich es bemerkt hatte, traute ich dem Frieden nicht so recht. Aber irgendwann konnte ich mir vorstellen, meine Mutter wiederzusehen. Ihr gegenüberzusitzen. Ich fühlte mich der Situation gewachsen. Ich hatte keine Angst mehr, von ihr überwältigt zu werden. Was immer sie sagen oder tun würde, ich würde mich schützen können.

Und so war es dann zu einem ersten Besuch gekommen, bei dem meine Mutter ebenfalls nahezu ohne Unterbrechung geredet hatte. Es waren ganz überwiegend Episoden aus der Vergangenheit, die sie erzählt hatte, manche verrieten ihren Bildungsdünkel und ihre verdrehte Weltsicht. Und während meine Mutter redete und redete, stellte ich fest, dass es tatsächlich war, wie ich es erwartet, wie ich es erhofft hatte: Sie konnte mir nichts mehr tun. Es lag ein großer, ein sehr großer Abstand zwischen uns. Ich war ihr nicht böse, ich war nicht wütend oder enttäuscht. Ich hatte keine Erwartungen. Vielleicht war ich ein bisschen stolz auf mich und den Weg, den ich zurückgelegt hatte, darauf, dass ich meiner Mutter so entspannt gegenübersitzen konnte, dass ich akzeptierte, dass es war, wie es war.

Meine Geschwister hatten mir zuvor bereits von dieser enormen Redseligkeit meiner Mutter berichtet, davon, dass sie seit einiger Zeit niemanden zu Wort kommen ließ und dass sie sich, wenn man sie unter Missachtung aller Höflichkeitsregeln einmal rabiat unterbrach, das Wort in Windeseile zurückeroberte. Meine Mutter redete gegen alles an, was sich ihr in dieser Zeit in den Weg stellte, und das war vermutlich vor allem das bedrohliche Gefühl, dass mit ihr etwas nicht stimmte. Demenzkranke verfügen oft über eine erstaunliche Kreativität, um für die Irritationen, denen sie permanent ausgesetzt sind, Erklärungen zu finden. Meine Tante Maja, die acht Jahre mit uns lebte, litt über mehrere Jahre an einem Verfolgungswahn, der sich aus den für sie rätselhaften Ereignissen nährte: Es musste ja jemand in ihre Wohnung eingedrungen sein, wenn sich zehn Regenschirme aufgespannt in ihrem Wohnzimmer befanden. Dass sie selbst es gewesen war, gewesen sein könnte, und das nun nicht mehr wusste, dieser Gedanke war für sie so absurd, wie er für jeden Gesunden absurd gewesen wäre. Also musste jemand eingedrungen sein, ohne entsprechende Spuren an der Tür zu hinterlassen. Es musste also jemand aus der nächsten Umgebung, jemand mit Schlüssel gewesen sein. Was die Sache noch bedrohlicher machte. Und dann glaubte ihr niemand. Steckten also alle unter einer Decke? Während meine Tante mit immer neuen Verschwörungstheorien auf ihre Erkrankung reagierte, wich meine Mutter auf einen anderen Grundimpuls aus: ein trotziges, eigensinniges Beharren darauf, sich von anderen nichts einreden zu lassen – und schon gar nicht, dass mit ihr etwas nicht stimmte. »Selbstverständlich habe ich die Schirme aufgespannt«, hätte meine Mutter vermutlich eine entsprechende Frage beantwortet. »Jetzt tu doch nicht so, als ob daran irgendetwas ungewöhnlich wäre!« Meine Mutter war entschlossen, sich von nichts und niemandem irritieren zu lassen. Und so stand sie vor ihrer Wohnungstür und redete und redete, und mir wurde klar, wie viele unterschiedliche Formen das Reden mit sich selbst annehmen kann und wie selbstverständlich in meiner Familie ein Reden war, das ohne Zuhörer:innen auskommt oder sie nur als Staffage, zur Tarnung benötigt.

Und dann wurde es plötzlich doch noch einmal anders: Meine Mutter kam in ein Pflegeheim. Sie war mehrfach gestürzt und in der Folge eines dieser Stürze zeichnete sich ab, dass sie nicht mehr in ihre Wohnung würde zurückkehren können. Als ich sie das erste Mal im Heim besuchte, war sie verändert. Sie redete kaum noch und das, was sie erzählte, waren auch keine Episoden. Obwohl sie in vielerlei Hinsicht verwirrt war, brachte sie sehr klar zum Ausdruck, dass sie keine gute Mutter gewesen war. Und wie leid ihr das täte. Wie froh, wie dankbar sie sei, dass ich sie dennoch besuchte, dass wir wieder Kontakt hätten. Ich hatte keinen Moment den Eindruck, dass sie auf die verdrehte Weise, die ich so gut kannte, auf meinen Trost oder mein Mitgefühl spekulierte. Sie spekulierte nicht mehr. Sie hatte aufgehört, was sie ihr ganzes Leben lang auf die eine oder andere Weise getan hatte: den Abgrund zu leugnen, an dem sie sich befand. Auch sie akzeptierte, dass es gewesen war, wie es gewesen war. Sie erkannte die Not an, in der ich mich als Kind viel zu oft befunden hatte. Wir sprachen nicht viel, aber wir bewegten uns auf eine vollkommen eindeutige Weise aufeinander zu. Und wir lachten miteinander. Meine Mutter hatte immer schon einen trockenen Humor gehabt und sie hatte auch früher schon über sich selbst lachen können. Jetzt sagte sie in diesem sehr nüchternen Ton regelmäßig Sätze, die mich mal anrührten, mal zum Lachen brachten. Bei einem Besuch sagte ich zu ihr, dass wir uns vielleicht auch in manchem ähnlich seien. Das war eine sehr verkürzte Version eines Gedankens, der mir manchmal durch den Kopf ging, seit ich festgestellt hatte, dass der Altersabstand zwischen meiner Mutter und ihren beiden älteren Schwestern fast auf den Monat genau dem Abstand zwischen mir und meinen beiden älteren Brüdern entsprach. Hatte meine Mutter mich vielleicht so wenig wahrgenommen, so wenig beachtet, weil sich in meiner Not ihre eigene spiegelte? Eine Not, die sie nicht aushalten konnte? Das ging mir durch den Kopf, als ich diesen Satz sagte. Meine Mutter hatte das Sprechen mittlerweile nahezu vollkommen eingestellt und ich wollte ihr mit diesem Satz signalisieren, dass ich ihr nicht böse war, ich wollte ihr über den Abgrund hinweg eine Hand reichen. Meine Mutter sah mich an, dann sagte sie: »Ich wäre dir sehr gerne ähnlich.« Sie hat öfter solche Sachen gesagt in dieser Zeit, in denen sie ihre Wertschätzung für mich auf eine Weise zum Ausdruck brachte, die ich als echt und nicht strategisch empfand. Ich bin sehr dankbar, dass es diese Annäherung zwischen uns gegeben hat. Es gehört allerdings zu dem Irrsinn, dass ich auch diesem Gefühl nicht vollkommen traue, dass ich mich hin und wieder frage, ob das, was wir zuletzt miteinander erlebt haben, nicht einfach nur eine neue Version unserer altbekannten Geschichte war. Eine Geschichte, in der ich es bin, die sich kümmert. Wer ist hier die Mutter?

Wer ist hier die Mutter? ist eine Graphic Novel von Alison Bechdel. Ich hätte niemals für möglich gehalten, dass mir ein Comic so viel bedeuten könnte, wie mir dieses Buch bedeutet. Es ist großartig. Als es mir vor einigen Jahren das letzte Mal ziemlich schlecht ging, habe ich jeden Morgen ein Kapitel dieses Textes gelesen. Nicht mehr, damit ich länger etwas davon habe. Dieser Text ist so anders als dieser und dennoch empfinde ich eine große Verwandtschaft, habe ich das Gefühl, Alison Bechdel hätte eine in vielerlei Hinsicht sehr ähnliche Expedition durchgeführt. Vermutlich könnten wir uns zurufen. Winnicott zum Beispiel, könnten wir uns zurufen, oder eben, natürlich auch: Wer ist hier die Mutter?

DEN MONSTERN GEHT DIE LUFT AUS

»Wenn ein Großteil am Leben nicht mehr stimmt, stürzen auch die Wörter ab. Ich habe die Wörter abstürzen sehen, die ich hatte. Und war mir sicher, dass mit ihnen auch die abstürzen würden, die ich nicht hatte, wenn ich sie hätte«, schreibt Herta Müller (15). ›Monster‹. Ich habe dieses Wort nicht gedacht, nachdem ich von der Badezimmer-Szene erfahren habe. ›Unfall‹ habe ich vorher gedacht, aber danach nicht ›Monster‹. ›Monster‹ habe ich erst gedacht, als ich diesen Text zu schreiben begonnen hatte und mich fragte, was ich gedacht hätte, wenn ich hätte denken können. Wenn es wirklich bedrohlich wird im Leben, wenn Angst oder Panik regieren, findet kein Denken statt, existieren keine Worte. Die Worte kommen erst später. Erst, wenn es vorbei ist. Sie stellen sich nachträglich ein. Aber nur, wenn wir dem zunächst sprachlosen Erleben Worte anheften, können wir davon erzählen, wie es war. Auch wenn es so eben nicht war. Nicht gewesen sein kann. Ich habe lange gebraucht, um zu begreifen, dass ich von einem Leben, in dem so vieles falsch war, nicht auf eine ›richtige‹ Weise erzählen kann. Weil immer etwas fehlt oder zu groß wird. Weil die Wörter sich auflösen oder eine falsche Bedeutung annehmen. Vorgaukeln, dass sie eine eindeutige Bedeutung hätten: Wissen, Erinnern, Schuld – wie soll ich diese Wörter verwenden? Wie soll ich ohne sie auskommen?

Mehrere Jahre lang dachte ich, dass ich mich irgendwie arrangiert hätte mit den verstörenden Rätseln, die mich umgaben. Vielleicht gab es Menschen, die so etwas verstanden, aber ich zählte nicht dazu. Die Frage nach der Monsterhaftigkeit meiner Eltern war ja nur *eine* von vielen Fragen, die mich bestürmten, und die mich bestürmenden Fragen waren nur ein Teil der mich bestürmenden Probleme, von denen das größte ich selbst war.

Ich habe versucht, die Monsterhaftigkeit meiner Eltern wie eine äußerst unangenehm juckende Stelle hinzunehmen. Ich habe mich lange Zeit *nicht* damit beschäftigt. Nicht richtig. Ich habe jedenfalls nicht das getan, was ich sonst immer tat, wenn ich etwas wissen wollte: Ich habe keine Texte gelesen, in denen ich möglicherweise Antworten gefunden hätte. Oder jedenfalls nur sehr selten. Vielleicht auch, weil das, was ich da las, die Sache eher komplizierter und verworrener machte statt klarer. Ich habe davon erzählt, wie sehr mich der Satz *Missbrauch vergisst man nicht* über viele Jahre begleitet und verunsichert hat. Aber ich habe auch vieles andere gelesen, das mich verunsichert hat, das meinen Zweifeln, ob das alles überhaupt wirklich passiert war, neue Nahrung gab. Gerade, was die Frage nach ›solchen Familien‹ betraf, führten mich meine sporadischen Lektüren eher in die Irre, vergrößerten sie lange Zeit meine Ratlosigkeit. Ich fand nicht viel, und was ich fand, passte nicht zu dem, was ich erlebt hatte, oder es passte, aber ich begriff es nicht, weil ich noch immer, wenn ich auf meine Eltern, wenn ich auf meine Familie sah, vor allem das ›Normale‹ sah, als das uns das Vertraute ja immer irgendwie erscheint.

Zum Beispiel las ich öfter, dass der familieninterne Missbrauch in der Regel relativ offen auftritt, dass alle Familienmitglieder davon wissen (›wissen‹?!), und das stimmte ja auch irgendwie mit der ›Badezimmer‹-Szene überein – aber mit nichts anderem. Mittlerweile ist mir klar, dass dieser Hinweis bei mir zu einer falschen Vorstellung geführt hat: Ich habe lange übersehen, dass bei aller Offensichtlichkeit des Geschehens es ja gleichzeitig so war, dass mein Vater sein Tun zumindest notdürftig verbarg, dass es im Geheimen stattfand. Hinter der Badezimmertür oder im Schutz eines Gebüschs an einem entlegenen Ort. Eigentlich keine große Erkenntnis, könnte man meinen. Aber ich konnte wie gesagt über all die mit diesem Thema verbundenen Fragen nicht *normal* nachdenken. Überhaupt nicht. Was in meinem Kopf passierte, fand in einem diffusen Bereich zwischen Worten und Emotionen, Impulsen und Gedanken statt. Das war meine Realität und nicht die Realität dieses Textes in seiner jetzigen Gestalt, die Realität irgendwelcher klugen Gedanken, die ich mittlerweile einsammeln konnte.

Ich glaube, es tat sich in dem monolithischen Block meiner fassungslosen Verständnislosigkeit erst ein kleiner Spalt auf, als mir das Wort ›Kontaktsperre‹ in den Sinn kam. Oder jedenfalls veränderte sich dadurch etwas. Aber vielleicht veränderte sich auch erst etwas, als ich mir die Perspektive vorstellte, mit der der Therapeut meiner Mutter auf sie sah. Als auf eine Person mit vollkommen eigenem Recht. Vielleicht blitzte in diesem Moment in mir auf eine noch sehr vage Weise erstmals die Vorstellung auf, dass es vielleicht nur der Zeitpunkt ist, dass es nur die Perspektive ist, die darüber entscheidet, ob wir angesichts einer Lebensgeschichte Empörung oder Mitgefühl empfinden. Vielleicht hielt ich es von da an für möglich, dass jemand auch auf meine Mutter mit verständnisvollem Mitgefühl blicken konnte. Ich vollzog damals diesen Perspektivwechsel nicht, aber ich ahnte, dass er möglich war. Wäre. Irgendwie. Für andere. Und dann, nochmals Jahre später, hatte ich plötzlich den Satz im Kopf:

Trennung war keine Option. Ich weiß nicht, wo er herkam. Ob ich ihn irgendwo gelesen hatte oder ob mein Gehirn an ›der Geschichte meiner Mutter‹ erneut weitgehend unbeaufsichtigt weitergearbeitet hatte, aber jedenfalls war er da und er kam mir trotz seiner Kürze, seiner Schlichtheit wie eine große Erkenntnis vor.

Trennung war keine Option. Warum auch immer. Ich weiß bis heute nicht, ob es sexuelle Übergriffe in der Familie meiner Mutter wirklich gab, und noch viel weniger, in welcher Form meine Mutter davon betroffen gewesen sein könnte. Vielleicht gab es Übergriffe, aber sie galten Maja, vielleicht gab es sie, aber es war gar nicht der Vater, sondern jemand anderes. Vielleicht gab es auch keine sexuellen Übergriffe (es erscheint mir unwahrscheinlich, aber möglich), vielleicht verursachte etwas anderes diese enorme Ballung von Not und Unglück, von Leid und Schmerz, von Kälte und Distanz, die es in der Familie meiner Mutter gegeben hat.

Wenn meine Mutter in späteren Jahren von etwas erschüttert schien, wenn es etwas gab, das sie in ihrer Kindheit offenbar nicht überwunden hatte, dann war es die Trennung der Eltern. Diese Trennung (oder vielleicht auch das, wofür sie stand) schien das große Trauma im Leben meiner Mutter gewesen zu sein. Ihre engste Freundin erzählte mir nach ihrem Tod, dass sie meine Mutter nur einmal vollkommen aufgelöst erlebt habe – als sie ihr von eben dieser Trennung erzählte. Unabhängig von den Erfahrungen ihrer eigenen Vergangenheit, spielte sicherlich auch ihre (realistische) Angst vor erneuter sozialer Ächtung eine Rolle und die Vorstellung, vier Kinder alleine erziehen zu müssen. Damit wäre sie vermutlich nicht nur in ihrer Vorstellung, sondern auch ganz real aus vielen sozialen Bezügen und Kontakten ihrer katholischen Lebenswelt herausgefallen. Und dennoch hat sie meinem Vater einmal mit Trennung gedroht – wegen seines Alkoholkonsums. Meine Mutter verhielt sich, wie sich die meisten Mütter in dieser Situation verhalten: Sie leugnen, bagatellisieren, sie schlagen sich auf die Seite des Misshandlers. Meine Mutter verhielt sich in der Logik des Irrsinns also lange Zeit ganz normal. Sie verhielt sich wie …

… wie zum Beispiel die Mutter in *Bergljots Familie*, diesem Buch von Vigdis Hjorth, das so kenntnisreich von den Facetten des Irrsinns erzählt. In dieser Geschichte ist einer der bittersten, der tragischsten Momente der, als der Vater, konfrontiert mit dem Vorwurf der Tochter, die Mutter fragt:

> *Was, wenn ich sagte, ich hätte es getan? Vater war betrunken und eröffnete die Möglichkeit zu einem ernsthaften Gespräch, und Mutter antwortete, dann könnte ich nicht mit dir verheiratet sein. Mutter schob die Möglichkeit zu einem ernsthaften Gespräch beiseite. […] Damit war es entschieden, damit setzten sie ihr gemeinsames Leben fort, damit schlossen sie die Krise ab, damit versuchten sie einen Schlussstrich zu ziehen, vielleicht sprachen sie nie wieder darüber, denn was hätten sie sagen sollen. Sie beschlossen gemeinsam und wortlos, sich zu verhalten, als wäre nichts geschehen, einen Deckel darauf zu stülpen, und vielleicht hofften sie, dass es sie nicht das Verhältnis zu mir kosten würde. Oder sie rechneten sich aus, dass das Verhältnis zu mir weniger wert war als es sie kosten würde, wenn sie das ehrliche Gespräch führten, zu dem der Vater eine Möglichkeit eröffnet hatte. (267 f.)*

»Was, wenn ich sagte, ich hätte es getan?« Diese Frage, die der Vater in *Bergljots Familie* stellt und die die Mutter mit großer Entschiedenheit zurückweist, spielt eine entscheidende Rolle dabei, dass es in *diesem* Text das Monster-Kapitel gibt. Denn dass die sexuellen Übergriffe nicht ›nur‹ das massive Unrecht sind, das sie sind, sondern dass sie die Täter:innen darüber hinaus noch zu Monstern machen, die für alle Zeiten und Gelegenheiten und in jeglicher Hinsicht mit der größten nur denkbaren Abscheu aus der menschlichen Gesellschaft ausgeschlossen werden, das schadet meiner Überzeugung nach nicht nur den Täter:innen – sondern auch den Opfern. Den Opfern, für die es oft von überragender Wichtigkeit ist, dass die Taten, dass das Missbrauchsgeschehen eingeräumt und so benannt wird. Mir hätte es sehr viel bedeutet, wenn mein Vater das Unrecht, das er begangen hat, klar und offen eingeräumt hätte – und ich weiß, dass das sehr vielen Menschen so geht. Aber ist dieses Eingeständnis nicht nahezu ausgeschlossen angesichts der grenzenlosen Verachtung, angesichts des sozialen Selbstmords, den es bedeutet, sich als jemand zu bekennen, der sexuelle Straftaten begangen hat?

Wir haben alle möglichen Erklärungen dafür, dass Menschen andere Menschen töten (weil sie in eine heillose Wut oder Rage geraten, weil ihre Existenz bedroht ist, weil sie furchtbar gekränkt sind, weil sie sich ausgenutzt oder lächerlich gemacht fühlen – warum auch immer). Ich glaube, die meisten Menschen können sich die meisten Verhaltensweisen anderer zumindest auf eine solch spekulativ-hypothetische Weise erklären. Auch ich hatte für so ziemlich alles, was ich mir an menschlichem Verhalten vorstellen konnte, hypothetische Erklärungen. Aber nicht dafür, dass Menschen sich so verhalten, wie es meine Eltern getan hatten. Obwohl wir von ihr umgeben sind, haben wir offenbar keine Erklärung für sexuelle Gewalt – denn es geht ja nicht ›nur‹ um sexuelle Übergriffe, von denen (die womöglich eigenen) Kinder betroffen sind, wir haben auch keine Erklärung für ›normale‹ Vergewaltigungen und begegnen Sexualstraftäter:innen insgesamt meist mit einer Verachtung, die über diejenige weit hinausgeht, mit der wir Menschen begegnen, die andere getötet haben. Menschen. Wer mordet, prügelt, Millionen veruntreut, darf nach Verbüßung seiner Strafe auf Wiederaufnahme in die Gesellschaft hoffen – aber das gilt nicht für diejenigen, die wegen sexueller Gewalt verurteilt werden. Sie haben selbst bei aufgeklärten Zeitgenoss:innen in der Regel keine Chance auf ›Resozialisierung‹, darauf, wieder in den Kreis der menschlichen Gesellschaft aufgenommen zu werden.

Wir »lösen Vergewaltigung aus dem Kontext menschlicher Handlungen heraus und bezeichnen sie als unmenschlich« (Mithu M. Sanyal: 153). Ich habe dieses Zitat dem klugen Buch *Vergewaltigung* entnommen. Auch dieser Text hat mein Nachdenken an dieser Stelle in Bewegung versetzt. Mithu M. Sanyal schreibt darin:

> Das Problem mit dieser Drinnen/Draußen-Politik ist, dass sich darin niemand als Täter identifizieren wird, wenn es heißt: Vergewaltiger sind *nicht wir*. Auf Vergewaltiger werden all diejenigen Dinge projiziert, die eine Gesellschaft nicht ist oder zumindest nicht sein will. Die Kulturwissenschaftlerin Sabine Silke spricht vom ›Othering der sexuellen Gewalt‹. (150)

Ich musste diesen Begriff erst lesen, um einer vagen Idee, die in sich in meinem Kopf gebildet hatte, ernsthaft nachgehen zu können: der Vorstellung, dass sexuelle Grenzüberschreitungen eben nicht das ›ganz Andere‹ sind, als das wir sie behandeln. »Wir leben in einer Kultur, die sexuelle Grenzüberschreitungen dämonisiert und simplifiziert, wahrscheinlich, weil wir die Tatsache verdrängen, dass sexuelle Grenzüberschreitungen viel häufiger passieren, als wir denken, und von jedem begangen werden können«, zitiert Mithu M. Sanyal in ihrem Text Kai Cheng Thom und schreibt, dass sexuelle Gewalt nicht etwas ist, das nur andere und schreckliche Menschen tun, und dass sie auch nicht fein säuberlich von allen anderen Bereichen unseres Lebens abgetrennt ist, sondern dass sie sich auf einem Kontinuum von Grenzüberschreitungen befindet mit fließenden Übergängen vom ›Überhören‹ von Signalen über absichtliches oder aus Unfähigkeit geborenes Ignorieren […] bis hin zu Fällen, die ohne Ambivalenz als Vergewaltigung wahrgenommen werden. (153)

Wer (vor allem welche Frau) hat im Rahmen sexueller Erfahrungen nicht irgendeine Form von Grenzüberschreitung erlebt? Es kommt mir so vor, als könne es kaum anders sein, so unzureichend, wie die meisten Menschen auf die Realität sexueller Kontakte vorbereitet sind, wenn sie spätestens in der Pubertät da hineinstolpern. Wie wenig selbstverständlich und in anderen Lebensbereichen erprobt ist es denn, die Grenzen anderer zu erfragen und zu wahren, die eigenen zu behaupten und sich dabei gut zu fühlen? Wie oft überschreiten wir die Grenzen anderer, insbesondere die von Kindern? Aber das ist doch etwas anderes, werden jetzt viele denken – und natürlich ist es das. Aber es ist eben nicht das ganz Andere, als das es sich die allermeisten Menschen vorstellen.

Auch in meinem eigenen Denken spiegelte sich der Irrsinn unseres gesellschaftlichen Umgangs mit sexueller Gewalt: schwankend zwischen Bagatellisierung und absolutem Ausschluss. Vielleicht ist das auch der Grund dafür, dass mein Vater so lange in dieser seltsamen Randlage verblieb, in der er sich die allermeiste Zeit befand. Während mein Kopf mit den Rätseln, die das Verhalten meiner Mutter mir aufgab, auch ohne mein Zutun beschäftigt war, suchte er offenbar nicht nach Erklärungen für das Verhalten meines Vaters, oder vielleicht fand er auch schlicht keine, vielleicht dockten die Details, die ich hatte, an nichts an. Mein Vater blieb eine vollkommen rätselhafte, zutiefst unverständliche Figur meiner Vergangenheit. Mir war vollkommen unklar, wie er auch nur einen Tag lang das Desaster ausgehalten hatte, das er verursacht hatte und das im Fall meiner Schwester unübersehbar war. Wie konnte er ertragen, was er angerichtet hatte?

Denn auch wenn mein Vater kein guter Vater gewesen war, war er doch zugleich kein Mensch, der vollkommen gefühllos oder ohne jeden moralischen Kompass gewesen wäre. Mein Vater, der sich uns Kindern gegenüber phasenweise so ›roh‹, so verheerend gefühllos verhalten hatte, der so ignorant gewesen war gegenüber unserem Erleben und der Frage, welche Folgen sein Handeln für uns hatte, dieser Vater war anderen als ›guter Mensch‹ begegnet oder in Erinnerung geblieben. D., einen Geflüchteten aus Burkina Faso, hat er über viele Jahre unterstützt und bis heute reden dieser und auch seine Frau voller Dankbarkeit und Respekt von meinem Vater. Auch die Obdachlosen, die in einem nahe gelegenen Wald Schutz suchten und denen er im Winter im Kachelofen erhitzte Steine und heißen Tee und Wärmflaschen brachte, werden in ihm vermutlich einen guten Menschen gesehen haben. Selbst mein Vater war offenbar nur zeitweise, nur vorübergehend ein Monster gewesen.

Als ich bereits lange an diesem Text schrieb, fiel mir bei einem meiner Bibliotheksbesuche ein Titel ins Auge: *Monster oder liebe Eltern? Sexueller Mißbrauch in der Familie*. Mir gefiel der Titel nicht, aber zum Glück lieh ich das Buch trotzdem aus – und las sogar darin, was ja längst nicht mit allen Büchern geschah, die ich nach Hause trug. Und so, wie einzelne Sätze oder auch nur Wörter mir einen Weg zu einem zumindest rudimentären Verständnis meiner Mutter geöffnet haben, so beantwortete mir einer der Beiträge dieses Sammelbandes verblüffend einfach eine Reihe von Fragen, die meinen Vater betrafen, allen voran die, warum er sich nicht umgebracht hatte angesichts des Elends, das er verursacht hatte – weil er es wahrscheinlich die meiste Zeit überhaupt nicht in Zusammenhang mit seinem Tun gebracht hat:

> Er [der Vater] sieht sich als denjenigen, der das Kind wirklich liebt, als den einzigen, der es versteht. Er verleugnet den Mißbrauch, er rationalisiert ihn als eine besondere Form väterlicher Fürsorge, Zärtlichkeit, er verkehrt ihn ins Gegenteil. (Klaus-Jürgen Bruder: 111)

Auf die Idee, dass mein Vater sich als ›guten Vater‹ angesehen hatte, wäre ich alleine niemals gekommen, aber als ich es las, war ich sofort überzeugt, dass es so war. Erst, als ich las, wie sich diese Männer fast immer herausreden, begriff ich allmählich, dass auch sie sich nicht vorstellen können, was sie anderen antun. Und zu diesem ganzen bagatellisierenden Gerede gehört auch ein entsprechendes Vorgehen, das erst allmählich die Grenzen verschiebt, das anfangs oft noch in einem Graubereich angesiedelt ist. Aber weil das Kind (aus einer Vielzahl von möglichen Gründen) nicht in der Lage ist, die Situation zu beenden oder seinen Unmut unmissverständlich zu äußern, oder weil das Kind zwar seinen Unmut unmissverständlich äußert, aber danach verstummt oder erstarrt, erfindet der Täter oder die Täterin eine Deutung, die darauf hinausläuft, dass es so schlimm nicht war, dass es vielleicht sogar ganz schön für das Kind war oder dass es aber auf jeden Fall die übergroße Liebe des Vaters war, die ihn zu dieser Handlung getrieben hat – und kann eine so große Liebe denn etwas wirklich ganz und gar Falsches sein? Ich weiß nicht, ob mein Vater genau so gedacht hat, aber ich vermute, dass er so oder so ähnlich gedacht hat, und was immer damals im Badezimmer geschah, es hat vielleicht so ähnlich angefangen, wie es in dem Buch im Hinblick auf einen anderen Vater geschildert wird:

> Ein Vater sitzt mit seiner dreijährigen Tochter in der Badewanne. Sie betrachtet neugierig seinen Penis, faßt ihn an und zieht ein bißchen daran, so wie eben kleine Kinder alles interessante Neue nicht nur ansehen, sondern auch anfassen wollen. Der Vater läßt das geschehen, erklärt ihr, was das ist, und das Kind beschäftigt sich bald wieder mit der Schwimmente oder spielt mit dem Badeschaum. Beim nächsten Mal in der Badewanne macht der Vater seine Tochter auf seinen Penis aufmerksam und fordert sie auf, ihn wieder anzufassen (nachdem er sich vergewissert hat, daß die Badezimmertür zu und die Mutter nicht in der Nähe ist) mit den Worten: ›Das hat dir doch letztes Mal gefallen‹ oder ›Das ist schön‹. Interessiert sich die Tochter nicht dafür, nimmt er vielleicht noch ihre Hand, führt sie zu seinem Penis und sagt: ›Das mag der Papa‹ und ›Du bist Papas liebes Mädchen, wenn du das machst‹. (Ariane Ehinger: 46 f.)

Für mich war wichtig zu begreifen, dass der Missbrauch auch in der Hinsicht kein ›Unfall‹ (also die Unterbrechung eines ansonsten halbwegs normalen Geschehens) ist, als er selten nur die Beziehung zwischen Vater (oder Mutter) und dem Kind betrifft, sondern in der Regel das gesamte Familiensystem dauerhaft gestört ist:

> Praktisch in allen Fällen familiärer Sexualdelinquenz zeigen die familiären Netzwerke, unabhängig von der betroffenen Schicht, Zeichen gestörter Kommunikation und fehlender Geborgen-

heit, die erst den Boden bilden, auf dem familiärer sexueller Mißbrauch gedeihen und über lange Zeit bestehen kann. (Heidi Kastner: 45 f.)

Ich habe das lange nicht richtig zusammenbringen können und erst spät begriffen, wie sehr all die Themen, die ich mit meiner Mutter verband, der ›große Mangel‹ und ihre Gefühlskälte, ihre fehlende Empathie, wie sehr das zusammengehörte mit der verstört/verstörenden Familie, in der ich aufgewachsen bin.

Weil das bindungstraumatisierte Kind keinen sicheren Halt bei seiner Mutter finden kann, ist es wesentlich offener für andere Bindungsangebote. [...] Erfahrungsgemäß ist die Wahrscheinlichkeit sehr hoch, dass die Suche des Kindes nach Körperkontakt und Wärme, also nach emotionaler Nähe, vom Vater sexualisiert wird und das Kind sexuelle Übergriffe durch ihn erleben muss. (Franz Ruppert: 88)

Dass mein Vater sein Verhalten womöglich (vermutlich) als das Verhalten eines guten Vaters ansah, war verrückt – aber es ergab einen mir nachvollziehbaren Sinn! Vielleicht hatte ich zuvor schonmal etwas Ähnliches gelesen – aber ich hatte es nicht geglaubt oder begriffen oder nicht ernst genommen, vielleicht hatte ich es auch nicht mit meinem Vater in Zusammenhang gebracht. Ich habe es nicht verstehen können. Der Weg war viele Jahre versperrt. Und wahrscheinlich konnte er sich erst öffnen, nachdem ich eine halbwegs klare Vorstellung von mir selbst entwickelt hatte. Ich musste erstmal weg von diesem verdammten Abgrund, ich musste erstmal anfangen können, mich aus den vielen, vielen Fragmenten und Puzzleteilen neu zusammenzusetzen, bevor ich anfangen konnte, über meine Eltern nachzudenken. Aber als mich dann diese ja eigentlich nicht besonders spektakulären Erkenntnisse erreicht hatten, war ich erstaunt, wie groß die Erleichterung war, die ich empfand. Ich hatte endlich etwas für mich Wichtiges verstanden. Erfasst. Und dazu gehörte auch, dass ich endlich begriff, warum und dass überhaupt mein Brief so einen Eindruck auf ihn gemacht hatte, dass er ihn 15 Jahre lang nicht beantworten konnte: Er hatte nicht mehr (vollständig) leugnen können, was zu leugnen ihm offenbar so lange gelungen war: »Ich war immer versucht, von dem ramponierten, zerfledderten Vaterbild noch zu retten, was – in meinen Augen – noch zu retten sei … Das gebe ich auf.«

Auch an diesem Punkt ging es mir nicht um die ›Wahrheit‹. Ich hatte nicht das Gefühl, die Wahrheit über meinen Vater herausgefunden zu haben, sondern eine Möglichkeit. Zum ersten Mal hatte ich eine Vorstellung von dem, was möglicherweise in seinem Kopf vorgegangen sein mochte, eine Vorstellung, die nicht in absolutem Widerspruch stand zu allem anderen, was ich von ihm wusste, oder dazu, wie ich ihn erlebt hatte. Der Riss, der durch mein Leben ging, war ein bisschen kleiner geworden.

Wenn ich heute an meine Familie denke, lösen sich die großen Stränge und irgendwie auch die Figuren auf und ich sehe Hunderte, Tausende von Momentaufnahmen. Ich sehe unter einer vollkommen verblüffend dicken Schicht aus scheinbar gutgelaunter Normalität Not. Not, wohin ich blicke. Ich empfinde manchmal Verachtung, manchmal Mitleid. Ich weiß nicht, was meine Eltern zu den eingekapselten Menschen gemacht hat, als die ich sie heute sehe. Was hat sie innerlich so verstört, was hat sie so sehr jede innere, ›normale‹ Orientierung verlieren lassen? Warum ging mein Vater als Schüler freiwillig in das von (strengen) Jesuiten geleitete Internat, das an das elterliche Grundstück grenzte, und verzichtete auf Freiheit, auf den Umgang mit Pferden und anderen Tieren, obwohl die Mutter ihn nicht gehen lassen wollte? Musste auch er sich schon in Sicherheit bringen? Mit 17 wurde mein Vater in den Krieg eingezogen. Was ist ihm dort angetan worden, was hat er anderen angetan?

Während ich schon lange an diesem Text schrieb, erhielt ich eine Mail aus Barbados: Ob ich die Tochter von Dr. Paul Reichelt sei, der in Innsbruck studiert habe. Erst am nächsten Tag fiel mir ein, dass eine »Studentenliebe« meines Vaters dort lebte: M.s Name war in meiner Kindheit und Jugend immer mal wieder gefallen, und es gab eine Geschichte, die mir meine Mutter später erzählt und die sich mir sehr eingeprägt hatte. M. hatte vorgeschlagen, dass sich die beiden Ehepaare auf einer geplanten Europareise treffen könnten. Das Treffen fand statt, ich vermute in den 80er Jahren. Es war die erste Begegnung seit 1952 – aber in der Zwischenzeit hatten sich mein Vater und M. zu Weihnachten regelmäßig Briefe geschrieben. Und dennoch, erzählte meine Mutter, fiel M. aus allen Wolken und war vollkommen bestürzt, als sie erfuhr, dass mein Vater nicht der Dichter, nicht der Schriftsteller geworden war, den sie in ihm gesehen hatte, ein Eindruck, den er offenbar nie korrigiert hatte. Das war es, was mir zu M. einfiel – und nun hatte mir ihr Sohn geschrieben, seine Mutter habe ihn gefragt, ob er eigentlich »mit diesem Internet« auch etwas über die Kinder von Paul in Erfahrung bringen könne. Ich antwortete und es entwickelte sich schnell ein intensiver Austausch, der auch die schwierigen Themen nicht lange ausschloss. Dieser Austausch hat meine Sicht auf meinen Vater nochmals verändert.

Ein ›Monster‹ hatte er vorher schon aufgehört für mich zu sein, jetzt wurde er für mich zu einer ähnlich tragisch-verunglückten Person, wie ich sie bereits seit Längerem in meiner Mutter sah.

Was mich am meisten berührt hat, war, wie sehr M. meinen Vater geliebt hat. Wie wichtig er für sie war. Wie groß ihr Respekt für ihn war. Dass jemand auch so auf meinen Vater blicken konnte, jemand, der ihn gut kannte. Jedes Jahr zu Weihnachten werde bis heute ein Gedicht, das mein Vater geschrieben habe, in ihrer Familie aufgesagt. Und dann sprach M. voller Bewunderung von den intellektuellen Fähigkeiten und Begabungen meines Vaters. Ich hatte angesichts meiner eigenen Erfahrungen mit meinem Vater anfangs Zweifel, ob diese Einschätzung nicht vor allem der damaligen Verliebtheit M.s geschuldet war – aber dann schickte mir M. ein autobiografisches Büchlein, in dem sie für ihren Mann und die Kinder die Geschichte ihrer Kindheit und Jugend bis hin zu ihrem frühen Erwachsensein erzählte. In diesem Text taucht mein Vater gleich mehrfach auf. In einer Episode erzählt M. von einer mündlichen Prüfung, der sich mein Vater und mehrere Kommiliton:innen unterziehen müssen. Da es (so kurz nach dem Krieg) noch an Stühlen fehlt, versammelt der Professor die Student:innen im Gang vor seinem Zimmer. Er stellt der Gruppe seine Prüfungsfragen – und am Ende haben alle bestanden, nachdem mein Vater sämtliche Fragen allein beantwortet hat.

Vielleicht waren diese Studienjahre für meinen Vater (ähnlich wie ich es auch bei meiner Mutter vermute) seine besten Jahre. Er traf M., die ihn sehr liebte, und er fand Anerkennung in einem kleinen Freundeskreis. Allerdings lag auch in dieser Zeit bereits ein großer Schatten über ihm: Obwohl er M.s Liebe offenbar erwiderte, wurden die beiden doch kein richtiges Paar – denn mein Vater fühlte sich zum Priester berufen, ersatzweise zum Schriftsteller, und beides machte in seinen Augen eine Beziehung zu M. unmöglich. Wollte er sie, wollte er sich beschützen durch ein zölibatäres Leben? Ist (auch) das eine Erklärung für die zahlreichen Missbrauchsfälle in der katholischen Kirche: dass sich Männer dort Schutz oder Heilung erhoffen und dann doch, wenn diese (natürlich) nicht eintritt, zu Tätern werden?

Ich glaube, dass mein Vater eine zumindest diffuse Vorstellung davon hatte, dass mit ihm, mit seiner sexuellen Entwicklung etwas auf eine gravierende Weise nicht stimmte – und dass er das in diesen Jahren aber (vielleicht/hoffentlich) noch irgendwie ausbalancieren konnte durch die Anerkennung und Sympathie, ja Liebe, die er erfuhr. M. trennte sich dann nach einigem Hin und Her von meinem Vater und lernte im Rahmen eines Studienaufenthaltes in Cambridge ihren späteren Mann kennen. Sie heirateten und M. kehrte nochmals für drei Monate nach Österreich zurück, um sich zu verabschieden von einigen Freunden, von der Familie, von ihrem bisherigen Leben. Der Text, den sie mir geschickt hat, endet so:

I went back to Innsbruck once more, met up with Paul and it was he who took me to the little but oh so cute looking tiny alpine airport to fly away from all my past and Europe, to finally start a new life in a new world for L. and me with certain hopes and fears. But we knew we could deal with it together at the same time we were also hoping that our friend Paul would finally also find his right place in this still ›Good world for all of us‹ …

Den Monstern geht die Luft aus heißt nun dieses Kapitel. Es kann viele Gründe dafür geben. Weil sie alt werden. Weil sie kaum noch die zu sein scheinen, die sie einmal waren. Oder weil wir nicht mehr die sind, die wir einmal waren. Den Monstern kann die Luft entweichen oder wir lassen sie heraus … Vermutlich ist das eine Entscheidung, die jede:r für sich treffen muss: Ob uns das Handeln von Menschen, die anderen furchtbares Unrecht angetan haben, empören und verstören kann und wir sie dennoch als Menschen nicht rundum verdammen. Ob wir sie zumindest weiterhin als Menschen betrachten.

Ich kann alle verstehen, denen das irgendwie nicht richtig zu sein scheint. Ich glaube auch nicht, dass es etwas ist, das man einmal liest – und sich dann denkt: Ach ja, stimmt, sie sind ja doch auch Menschen … Ich würde hier auch nicht so entschieden dafür plädieren, wenn es mir dabei vor allem um die Täter:innen ginge, wenn es mir darum ginge, dass ihnen Gerechtigkeit widerfährt – diese Aufgabe kann ich gut anderen überlassen. Ich plädiere hier für eine andere Sichtweise, weil ich überzeugt bin, dass es fatale Folgen hat, wenn wir die Täter:innen zu Monstern machen – für die Opfer. Ich bin überzeugt, dass diese Dämonisierung und Entmenschlichung der Täter:innen den Opfern gravierend schadet. Nicht nur, weil sie für das, was ihnen geschehen ist, keine Erklärungen finden, weil es in die bereitstehenden Vorstellungen und Narrative oft nicht hineinpasst, weil wir sie festlegen auf bestimmte Szenarien und ihren unberechtigten Schuldgefühlen damit weitere Nahrung geben (»Aber warum hast du dich denn nicht gewehrt?«), sondern auch, weil der Ausschluss der Täter:innen auf eine seltsame Weise mit einem Ausschluss der Opfer aus der Gesellschaft korrespondiert. »Der Entmündigung der Opfer steht die Entmenschlichung der Täter gegenüber«, schreibt Mithu M. Sanyal (148) und zitiert Natascha Kampbusch: »Ich habe gesagt, dass ich kein Opfer bin, weil ich wusste: Wenn ich das sage, würden sie mich nachher nie mehr als normalen Menschen akzeptieren.« Die Vorstellungen vom Monster und vom ›reinen Opfer‹ gehören zusammen, und nicht nur die Monster hören dadurch auf, ›normale Menschen‹ zu sein, sondern auch die Opfer …

VON DER UNLUST, OPFER ZU SEIN

Als ich diesen Text zu schreiben begann, wäre ich nicht auf die Idee gekommen, dass ich bei meiner Expedition durch das Gelände der Sprachlosigkeit über das Thema ›Opfer‹ stolpern würde. Und nun gibt es dieses Kapitel, weil ich festgestellt habe, dass ein Teil der Sprachlosigkeit, in der ich mich so lange befunden habe, auch mit meiner Angst zu tun hatte, ich könnte ein ›Opfer‹ sein oder dafür gehalten werden, weil ich dieser Angst auch bei anderen oft begegne und weil ich mich beim Schreiben dieses Textes immer wieder bei dem Gedanken ertappt habe, ob ich etwas tun kann (und wenn ja, was), um bloß nicht den Eindruck einer ›Opfergeschichte‹ hervorzurufen. Vielleicht gibt es dieses Kapitel aber auch, weil ich mich immer noch nicht so ganz von der Überraschung erholt habe, die ich erlebte, als ich mich auf eine allgemeinere, eher soziologische Weise für ›Opfer‹ zu interessieren begann: Plötzlich las ich immer wieder, dass Opfer gar nicht unbeliebt sind!

Obwohl ich selbst, obwohl viele Menschen, die ich kenne, obwohl unzählige Menschen, von denen ich gelesen hatte und die zu Opfern geworden waren, alles Mögliche tun oder getan haben, um keine ›Opfer‹ zu sein, um nicht als solche erkannt oder identifiziert zu werden, las ich plötzlich überall, wie attraktiv es sei, Opfer zu sein. *Von der Sehnsucht, Opfer zu sein* heißt ein Text im Untertitel, der sich mit dem Wilkomirski-›Skandal‹ beschäftigt. Wie attraktiv die Opfer-Rolle sei und wie schwer es den Betroffenen oft falle, all die Vorteile, die diese Rolle für sie bereithalte, wieder aufzugeben, heißt es darin. Svenja Flasspöhler behauptet, die Frauen, die sich im Rahmen von MeToo geäußert hätten, hätten sich erst dadurch überhaupt zu Opfern gemacht, und bei Jan Philipp Reemtsma las ich, dass Opfer sich heutzutage einer historisch einmaligen und unverdienten Anerkennung erfreuten, obwohl sie doch nichts geleistet hätten als Opfer zu sein. Reemtsma sieht den öffentlichen Diskurs gegenüber Opfern neuerdings »durch Interesse und Anteilnahme bestimmt sowie durch einen sonderbaren Gegenaffekt: Opfer gelten irgendwie als bessere Menschen, als Menschen, die uns allen durch Auskünfte über die Gewalt, die sie erlitten haben, sehr viel zu sagen haben – ja, diese affektive Disposition geht so weit, dass der Opferstatus manchen erstrebenswert erscheint«. (36)

Reemtsma behauptet, dass die Unbeliebtheit der Opfer (in der er wenige Seiten zuvor noch einen bedauerlichen, aber zugleich »›normalen‹ sozialen Grundaffekt« gesehen hatte) vorbei sei und sich in ihr Gegenteil verwandelt habe. Für diese erstaunliche These hat er eine noch erstaunlichere Begründung: Es seien die Überlebenden des Holocaust gewesen, die nicht mehr schamvoll schwiegen, wie es die »Opferrolle« bis dahin vorsah, sondern die mit ihren Berichten zu Deutern der Conditio humana wurden:

Die Lektüre der Bücher von Jean Améry, Primo Levi oder Ruth Klüger enthüllt, dass sie selbst sich auch so verstanden haben. Sie berichteten nicht einfach von Extremsituationen, wie dem Gerade-noch-Davonkommen im Rahmen einer gefährlichen Expedition, was spannend sein mag, aber im Grunde niemanden etwas angeht, sondern als Deuter der Welt, die man nicht kennt, wenn man nicht hört, was sie zu sagen haben. (2008: 36 f.)

Die so entstandene »Parasitenliteratur« (»Parasitenliteratur. Das ist nicht abwertend gemeint – ich selbst habe dieses Genre bedient –, sondern im Sinne der Archäologie, wo man Siedlungen, die sich auf den Ruinen bedeutender Bauten befinden, eben ›Parasitensiedlungen‹ nennt«) habe zu der von ihm behaupteten radikalen Veränderung geführt, zu einem Umschlag vom einen Extrem (Ablehnung des Opfers) ins andere (Bewunderung für das Opfer): »Eine Öffentlichkeit, die – erfreulicherweise – den Affekt gegen das Opfer kulturell kompensiert hat durch Interesse und Anteilnahme, gewährt damit auch eine Gratifikation für den Opferstatus« (ebd.: 37f.).

Der ›sekundäre Gewinn‹, von dem Reemtsma und andere sprechen, ist ganz offensichtlich eine Analogie zum ›sekundären Krankheitsgewinn‹, der bisweilen als Erklärung herangezogen wird, wenn Menschen nicht gesund werden – weil ihnen die Krankheit womöglich größere Vorteile verschafft als eine Gesundung. Aber gerade wenn man diese Analogie zu Ende denkt, wird deutlich, wie fehl am Platz sie hier ist, denn die allermeisten Menschen, die erkranken, werden wieder gesund – und bei denen, die nicht gesund werden, dürfte es wiederum nur ein Bruchteil sein, bei dem die Ursachen in einem möglichen ›sekundären Krankheitsgewinn‹ liegen mögen.

Gehör finden. Sicherheit. Beruhigung. Das, was für Menschen, die einer potentiell traumatisierenden Situation ausgesetzt waren, dringend notwendig ist, das, was sie in der Realität selten genug erfahren, wird innerhalb dieser Analogie unter Generalverdacht gestellt. Bloß nicht zu viel Aufmerksamkeit auf die Opfer richten! Sie könnten sich dadurch so wohl fühlen, dass sie gar nicht mehr aufhören wollen Opfer zu sein! Derart allgemein von den Annehmlichkeiten der Opferrolle zu reden, ist so abwegig, wie es abwegig ist, ohne

jede Differenzierung von den Annehmlichkeiten des Krank-
seins zu reden.

Auch ich begegne bisweilen Menschen, für die mit einer
enervierenden Selbstverständlichkeit immer die anderen
›schuld‹ sind. Menschen, die sich als Opfer von allem Möglichen sehen. Aber sind diese Menschen überhaupt ›Opfer‹
in dem hier gemeinten Sinne? Opfer eines gravierendes Unrechts? Wenn so viele Menschen die Opferrolle meiden, wo
sie nur können, existiert die angebliche Attraktivität für sie
ganz offenbar nicht. Vielleicht liegt an dieser Stelle auch zusätzlich zu allen anderen Verdrehungen eine zweifache Begriffsverwirrung vor, weil ›gefühlte Opfer‹, weil Menschen,
von denen sich sagen lässt, sie befänden sich in einer ›Opferrolle‹, gar nicht unbedingt ›reale Opfer‹ sein müssen. Zudem
hat das Wort ›Anerkennung‹ ebenfalls zwei Bedeutungen, die
sich hier in die Quere kommen: Es gibt die mit der Bewunderung verwandte Anerkennung, die Reemtsma meint,
und es gibt die Anerkennung, dass jemand einem gravierenden Unrecht ausgesetzt war. Wenn jemand also für sich selbst
oder für eine bestimmte Gruppe von Opfern ›Anerkennung‹
fordert, dann ist damit nicht die Forderung nach Bewunderung, sondern die Anerkennung des Sachverhalts gemeint:
Hier ist ein Unrecht geschehen!

Die ›Schuld der Opfer‹ ist ja fast immer eine eingebildete und es ist wichtig zu begreifen, ›wie es wirklich war‹.
Wer wirklich schuld war. Weil der Boden so schwankt, weil
nichts zu stimmen scheint, weil die Gefühle so lange nicht
den guten Einsichten folgen (wie lange wusste ich, dass ich
NICHT schuld gewesen war, und wie lange fühlte ich mich
dennoch schuldig), ist es für die Opfer enorm wichtig, dass
das Unrecht, das ihnen widerfahren ist, *anerkannt* wird.

Wie lange es dauern kann, bis ein Bewusstsein für ein erlittenes Unrecht, ein Bewusstsein für die eigene Schuldlosigkeit entsteht, davon erzählt auch Siri Hustvedt in einer Episode ihres Buches *Damals.* Eines Abends lernt die junge Schriftstellerin, von der sie erzählt, auf einer Party Jeffrey kennen. Sie fahren auf seinen Vorschlag hin mit dem Taxi quer durch die Stadt zu einer anderen Party. Dort merkt sie schon nach kurzer Zeit, dass sie sich geirrt hat in ihrer Einschätzung Jeffreys. Sie will weg. Nicht, weil sie sich bedroht fühlt, nicht, weil sie Angst hat, einfach nur, weil Jeffrey und seine Freunde »dekadente, hohlköpfige Idioten« sind. Sie verabschiedet sich von ihm, sie werde jetzt nach Hause fahren. Aber das will er nicht. Er besteht darauf, sie zu begleiten. Sie fühlt sich unbehaglich, aber sie wartet. Als das Taxi endlich vor dem Haus hält, in dem sie wohnt, läuft sie erleichtert zur Haustür und realisiert erst, als sie den Schlüssel im Türschloss umdreht, dass er hinter ihr steht, dass er gar nicht mit dem Taxi weggefahren ist. Er dringt in ihr Apartment ein. Die Situation wird immer bedrohlicher, die Gewalt immer offener, unverhüllter. Er umklammert sie, schleift sie über den Fußboden, stößt sie, so dass sie gegen das Bücherregal prallt und auf dem Boden liegt. Er holt seinen Penis aus der Hose. »Da hatte der Refrain schon begonnen: Bitte nicht. Bitte nicht. Bitte nicht.« An diesem Punkt nimmt die Geschichte so etwas wie eine glückliche Wendung: Lautes Klopfen an der Wand, eine Stimme aus der Nachbarwohnung, die ruft: »Verschwinde! Ich rufe die Polizei! Verschwinde!« und ein Jeffrey, der flüchtet. »Ein Besen und drei Frauen haben sie gerettet«, schreibt Siri Hustvedt. In dieses Kapitel gehört diese Episode, weil die Ich-Erzählerin noch Jahrzehnte später nach Erklärungen sucht – für *ihr* Verhalten, für das Verhalten der jungen Frau, die sie einmal war.

Inzwischen habe ich mich fast 40 Jahre für das Warten geschämt, und
meine Demütigung nimmt kein Ende. Nein, sie brennt lichterloh. Es
ist, als stünde ich noch immer vor dem Aufzug und wartete auf Jeffrey,
der gesagt hatte, ein Mädchen, das mit ihm komme, gehe auch mit
ihm. Es ist, als wäre ich noch immer die junge Frau, die, unfähig,
sich vom Fleck zu bewegen, vor dem Aufzug steht. Das war der Mo-
ment, in dem ich hätte davonlaufen sollen, aber ich tat es nicht. (251)

Menschen, die Opfer von Verbrechen, von traumatischen
Erschütterungen wurden, fühlen sich zumindest vorübergehend (fast) immer irgendwie schuldig. Zumindest mitschul-
dig. Weil sie etwas Falsches gesagt oder getan haben, weil
sie nicht aufmerksam genug waren oder ›die Zeichen‹ nicht
erkannt haben. Weil sie mitgegangen sind oder sich nicht gewehrt haben, oder nicht genug gewehrt, weil sie nicht laut
genug geschrien oder vielleicht auch überhaupt nicht geschrien haben. Weil sie nicht abgehauen sind oder den Täter
nicht geschlagen, nicht totgeschlagen haben.

Wer über die »Behaglichkeit der Opferrolle« spekuliert,
sollte zur Kenntnis nehmen, dass es in der Regel nicht die
Täter:innen, sondern die Opfer sind, die sich nicht verzeihen
können. Es sind nicht die Täter:innen, die sich mit Schuldgefühlen plagen, sondern die Opfer.

Paranoiker:innen können tatsächlich verfolgt werden,
Hypochonder:innen wirklich lebensbedrohlich erkranken
und natürlich können auch Opfer (mit)schuldig sein oder
Menschen können behaupten, Opfer eines Unrechts geworden zu sein, ohne es zu sein. Aber wo immer die Vorstellung
von der »Schuld der Opfer« auftaucht, wo über Opfer abwertend geredet oder geschrieben wird, ist der Verdacht nahelie-
gend, dass es sich um einen weiteren Fall von ›Täter-Opfer-
Umkehr‹ handelt, dieser so weit verbreiten, so erfolgreichen

Verdrehung des tatsächlichen Sachverhalts. Kate Manne berichtet in ihrem Buch *Down Girl. Die Logik der Misogynie*, wie seit den 1980er Jahren in den Vereinigten Staaten eine gegen Opfer gerichtete Stimmung aufgekommen ist:

> Seit dieser Zeit spielt die Gestalt des Opfers – vielmehr eines selbsternannten Opfers, das sich als solches wahrnimmt, seine Verletzungen hegt und pflegt, vielleicht sogar erfindet und angelernte oder vorgetäuschte Hilflosigkeit demonstriert – eine immer wichtigere Rolle in der konservativen Ideologie. Diese zeichnet das Bild eines gekränkten, larmoyanten, melodramatischen Charakters, der ungerechtfertigte Verleumdungen verbreitet und von Dritten Mitgefühl und Aufmerksamkeit fordert. Mit unverhältnismäßig hoher Wahrscheinlichkeit handelt es sich dabei um Studenten, Millenials, Frauen, Feministinnen, Progressive und Opfer sexueller Gewalt … (347 f.)

Jederzeit kann alles passieren. Das ist eine Binsenwahrheit, die kaum jemand bestreiten würde. Theoretisch. Aber praktisch und ganz konkret möchten wir nicht ständig damit konfrontiert werden, dass wir oder die Menschen, die uns nahestehen, im nächsten Moment Opfer eines Unfalls, eines Überfalls, eines sexuellen Übergriffs werden können. Opfer verwandeln allein durch das, was ihnen widerfahren ist, alle anderen in Gefährdete, in nur vorläufig Verschonte. Auch deswegen ist die Vorstellung von der Schuld der Opfer wahrscheinlich so attraktiv. Hätten Siri oder Manuela, Achmed oder Cecil sich nicht so blöd, so unvernünftig, so naiv, so xy verhalten – dann wäre ihnen auch nichts passiert! Und deswegen wird auch uns nichts passieren, weil wir uns niemals so blöd, unvernünftig, naiv oder xy verhalten würden. Der dünne Faden, an dem das Leben oder die eigene Unversehrtheit gerade noch zu hängen schien, wird wieder zu einem dicken Seil, sobald wir den Opfern die Schuld geben können. Und umso besser, wenn auch die Opfer mitspielen, wenn sie selbst es sind, die als Erste den Finger heben, wenn es um die Verteilung der Schuld geht …

Die erwähnte Behauptung, Menschen würden »sich selbst zum Opfer« machen, indem sie von den Angriffen, den Zumutungen berichten, denen sie ausgesetzt waren, ist eine perfide Verdrehung des tatsächlichen Sachverhalts. Sie unterschlägt, für wie viele Frauen, für wie viele Menschen umgekehrt genau darin ein wichtiger Akt der Selbstbestimmung liegt – für den sie Jahre, oft Jahrzehnte Anlauf genommen haben.

> Indem wir öffentlich sprechen, machen wir uns nicht zu Opfern, im Gegenteil: Wir ent-opfern uns. Opfer waren wir vorher, in dem Moment, in dem etwas passiert ist. Aber sobald wir erzählen, wechseln wir den Status: Wir werden vom Objekt zum Subjekt. Wir erlangen ein Stück Kontrolle zurück, wenn wir von einem ›nein, frag nicht, alles okay‹ zu einem ›Scheiße, mir ist etwas passiert‹ gelangen. Es ist ein Schritt aus der Ohnmacht heraus. (Stokowski: 197)

Carolin Emcke erzählt in *Ja heißt Ja und …* gleich zu Beginn davon, dass sich in ihrer Kindheit die Warnung vor dem ›bösen Mann‹, die Warnung vor sexuellen Übergriffen in dem Satz verbarg: »Lass dich nicht mitschicken«. Sie schreibt dazu:

> Da soll vor etwas gewarnt werden, aber *was* das sein soll, wird nicht benannt. Es wird nicht beschönigt, denn sonst brauchte man ja nicht davor gewarnt zu werden. Es wird das, was jemand einem antun kann, beschwiegen. Als sei es unanständig, es auszusprechen – anstatt die Tat zu unterdrücken, wird das Reden darüber unterdrückt.

So wird nicht die verbrecherische Handlung tabuisiert, sondern das Sprechen. Von Anfang an. So unterwandert die Erwartung nicht der, der Gewalt ausübt, sondern jene, die davon erzählen wollen. Die sprachliche Verdrängung verschiebt die Last der Rechtfertigung. Es kommt sich falsch oder schmutzig vor, wer über etwas sprechen will, über das nicht gesprochen wird. Darin liegt das Komplizenhafte. (12)

Wie in einer Gesellschaft über sexualisierte Gewalt geredet wird, welche Geschichten darüber (nicht) erzählt werden können, hat nicht nur Auswirkungen auf Menschen, die bereits Opfer eines Missbrauchs oder einer Vergewaltigung geworden sind, es hat auch gravierende Auswirkungen auf diejenigen, denen das erst noch widerfährt. Von den Geschichten, die wir heute erzählen, hängt ab, ob zukünftige Opfer sich Menschen anvertrauen, ob sie sich Hilfe holen oder ob sie sich schuldig fühlen und in eine Sprach- und Ratlosigkeit geraten, die sie vielleicht selbst nicht verstehen. Auch deswegen ist es so ungeheuer wichtig, diese ›Mainstream‹-Erzählungen, diese absurd verkürzten oder falschen Narrative aufzulösen, gegen sie anzuerzählen und an ihrer Stelle einen (Vorstellungs)-Raum zu schaffen, in dem es jeder und jedem möglich ist, für seine, für ihre Geschichte Gehör zu finden.

Opfer. Bin ich ein Opfer? Würde ich mich so bezeichnen? Würde ich von mir als einer Überlebenden sprechen? Ich mag sie *für mich* nicht, diese identitätsbehauptenden, festlegenden Begriffe. Ich bin eine, die in einer Familie aufgewachsen ist, in der es viel Unglück und Not gab. Ich bin eine, der es sofort besser geht, wenn sie das Meer sieht. Oder wenn sie Musik von J.S. Bach hört. Ich bin dankbar für die guten Freund:innen, die ich habe, und für vieles andere auch. Ich bin manchmal ungesellig, ich gehe sehr früh ins Bett und ärgere mich, wenn andere darauf mit Unverständnis oder Kritik reagieren. Ich liebe seit über dreißig Jahren eine Frau, was vielleicht auch so wäre, wenn wir beide uns noch weniger für Geschlechter interessieren würden, als wir es tun. Ich wundere mich manchmal, wie viel es mir bedeutet, mit anderen Menschen lachen zu können, und wie nachsichtig ich sein kann, wenn das der Fall ist. Ich liebe es, konzentriert an einem Text zu arbeiten, und ich liebe es fast genauso sehr, mit anderen Menschen an ihren Texten zu arbeiten und zu sehen, wie etwas in Bewegung gerät und seine Richtung findet. Ich bin Werder-Fan. Ich habe einen Kleingarten. Seit ein paar Jahren bin ich dankbare Taiji-Schülerin. Ich stehe gerne auf der Bühne. Ich bin so vieles und jeden Moment setzt sich mein Gefühl davon, was mich ausmacht, aus anderen Aspekten oder Teilen oder Stimmungen zusammen. So vieles, was ich erlebt habe, was mir widerfahren ist, spielt dabei eine wichtige Rolle – unmöglich, es in einem einzigen Wort unterzubringen. Aber wenn ich meine fast lebenslange Abwehr und Leugnung gegenüber der Tatsache, dass ich neben vielem anderen *auch* ein Opfer bin, betrachte, dann kommt es mir hier an dieser Stelle (in diesem Kontext) notwendig vor, zu erklären: Selbstverständlich, ich bin ein Opfer!

MEINE GESCHICHTE SCHREIBE ICH SELBST

Sprachlos zu sein oder nicht über eine Lebensgeschichte zu verfügen oder keine Auskunft geben zu können: Als ich diesen Text zu schreiben begann, war das alles für mich irgendwie noch das Gleiche – aber das ist es nicht. Je länger ich an diesem Text schrieb, desto klarer wurde mir, was für fragwürdige Gebilde Lebensgeschichten eigentlich immer sind – und dass wir gar nicht auf sie angewiesen sind, um über uns und unser Leben Auskunft zu geben, um die Sprachlosigkeit zu überwinden. Was das konkret bedeutet, möchte ich in diesem Kapitel erläutern.

Ein autobiografischer Text, der die gesellschaftlichen Umstände unberücksichtigt lässt, sei genauso absurd wie der Versuch, eine Metro-Strecke zu erklären, ohne das Streckennetz in Rechnung zu stellen, schrieb der französische Soziologe Pierre Bourdieu (1990: 80). Die Texte vieler (nicht nur, aber insbesondere französischer) Autor:innen wie Annie Ernaux, Didier Eribon, Édouard Louis oder Jayrôme C. Robinet sind davon geprägt. Wenn Eribon erklären will, warum die von ihm erzählte Geschichte des jungen Schwulen, der seinem homophoben Herkunftsmilieu den Rücken kehrt, so viel dominanter war als die übersehene des akademischen Aufsteigers, der sich seiner Arbeiterherkunft schämt, muss er auch die Homophobie und die Klassenstruktur Frankreichs in den Blick nehmen. Auch Ronald Reng könnte die Geschichte Robert Enkes in *Ein allzu kurzes Leben* nicht verständlich erzählen, wenn er sich nicht sowohl für Depressionen als auch für die Arbeitsbedingungen im Profifußball interessieren würde. Die gesellschaftlichen Umstände, die miterzählt werden müssen, damit ein Leben verständlich wird, unterscheiden sich – je nach Individuum. Deswegen enthält *dieser* Text die Kapitel über falsche Erinnerungen, über Kinder als Kollaborateure, die Monsterhaftigkeit meiner Eltern oder das erstaunlich schlechte Image, das Opfer haben – weil mir genau dieses Hintergrundwissen notwendig erscheint, um meine Geschichte zu verstehen.

Obwohl ich selbst Schriftstellerin bin, habe ich lange nicht verstanden, *wie sehr* Lebensgeschichten vor allem Geschichten sind und wie sehr wir sie daher anhand von Regeln bilden, die mehr dem Erzählen geschuldet sind als dem Leben. Der Psychologe Jens Brockmeier nennt das den »Realitätseffekt oder die Realitätsfiktion« des autobiografischen Erzählens: »Eine Lebensgeschichte erscheint in dieser Perspektive mithin genauso faktisch vorgegeben wie die biologische Tatsache der Geburt oder andere Ereignisse des dokumentierten Lebenslaufs wie Schulabschluss, Berufsaufnahme, Heirat usw.« (27) Es kommt uns so vor, als wäre es das Leben selbst, das uns unsere Lebensgeschichten diktiert. Aber so ist es nicht. Lebensgeschichten sind vor allem Geschichten und wenn wir Geschichten erzählen, können wir nicht einfach nur sagen: Es hat sich so ergeben – so wie ich es in diesem Text gerade an den entscheidenden Stellen mehrfach getan habe. Wenn wir eine Geschichte erzählen, müssen wir die Ereignisse nicht nur in eine zeitliche Ordnung bringen, sondern sie auch kausal verknüpfen. Ein berühmtes Beispiel dafür stammt von E. M. Forster: »Der König starb, und dann starb die Königin« ist eine bloße Reihenfolge. »Der König starb, und dann starb die Königin – aus Kummer«, könnte eine Geschichte werden. (Zit. nach Gesing: 94)

Aber woher wissen wir, dass die Königin aus Kummer starb? Wissen wir es oder vermuten wir es nur – vielleicht aufgrund der zeitlichen Nähe der beiden Ereignisse? Ist es vielleicht nur eine naheliegende, plausible Erklärung, aber nicht die richtige, die ›wahre‹? Vielleicht starb die Königin nicht aus Kummer über den Tod ihres Mannes, sondern weil sie wusste, dass ihre jahrelange Liebesbeziehung zu seiner Krankenpflegerin für alle Zeiten beendet wäre?

Auch meine ›Geschichte‹ wäre glaubwürdiger und ›runder‹, wenn ich in der Hinwendung zum Schreiben das ›Fluchtmotiv‹ unterschlagen würde, das es zweifellos gab, oder wenn ich im Zusammenhang mit der zweiten Therapie die Reihenfolge den Kausalitätserwartungen anpassen würde (erst ging es mir richtig schlecht, dann begann ich die Therapie – und nicht umgekehrt).

Ich habe erzählt, dass sich gerade die gravierenden Veränderungen meines Lebens oft langsam und unsichtbar aus einer unübersichtlichen Fülle unterschiedlichster Ereignisse ergeben haben. Natürlich gibt es manchmal auch im ›wahren Leben‹ so etwas wie die *eine* Schlüsselszene, die scheinbar alles erklärt. So war es zum Beispiel bei einer Frau, von der ich gelesen habe, als sie sich endlich wieder daran erinnerte, dass ihre Mutter mit ihr in den letzten Tagen des Krieges aufs Dach geflohen war und ihr dort eine Pistole an die Schläfe gehalten hatte. Hätten die sich nähernden Soldaten das Haus betreten, dann (das war offenbar der Plan der Mutter) hätte die Mutter, um der drohenden Vergewaltigung zu entgehen, erst die kleine Tochter und dann sich selbst erschossen. Die Soldaten zogen weiter, das Kind konnte natürlich überhaupt nicht verstehen, was sich dort ereignet hatte – und für die Frau, die einmal das Kind gewesen war, fügten sich viele unverstandene Aspekte ihres Lebens zusammen, als sie wieder über die Erinnerung an diese ›Schlüsselszene‹ verfügte.

Es gibt solche eindrücklichen Ereignisse in der Vergangenheit mancher Menschen, aber nur ausnahmsweise verdichtet sich in einem realen Leben alles Wichtige in einer Szene. Ich habe dennoch lange geglaubt, dass ich herausfinden könne (und müsse), in welcher Gegend sich ›in Wahrheit‹ die Schlüsselszene meiner Kindheit befindet: in der Nähe der ›Badezimmer‹-Szene oder dieser frühen Trennungsgeschichte oder womöglich im Umfeld der (erfundenen) Szene, in der ich unter der Anrichte liege und anfange, mit mir selbst zu reden. Als ich der tiefen, kaum aushaltbaren Verlorenheit bei Frau H. wiederbegegnet bin, habe ich angenommen, dass ich sie als Kind *entweder* angesichts der Übergriffe durch meinen Vater *oder* der emotionalen Abwesenheit meiner Mutter erlebt habe – aber es spricht überhaupt nichts dagegen, es spricht im Gegenteil sehr viel dafür, dass ich in dieses Gefühl mehrfach geraten bin. Es komme ihr so vor, hat Frau H. einmal gesagt, als sei ich als emotionale Vollwaise aufgewachsen. Ich empfinde das bis heute als eine sehr passende Beschreibung. Was mir mittlerweile an diesem Bild auch gefällt: dass es einen Zustand beschreibt und ohne die Fixierung auf ein einzelnes Ereignis auskommt.

Wir sind es so gewohnt, in der Logik von Geschichten zu denken mit ihren klaren Wendepunkten und Schlüsselszenen, dass wir dazu neigen, unser Leben so zu erzählen, als wären wir die Figuren einer erfundenen Geschichte. Aber für die meisten Entscheidungen, die meisten Handlungen ›ech-

ter‹, realer Personen gilt: Es spielen zahllose Faktoren eine
Rolle und vieles bleibt unserer bewussten Reflexion verborgen. Mark Freeman schreibt in dem bereits erwähnten
Artikel über Nachträglichkeit: »Wir haben ein Ereignis und
wir haben ein Leben. Und versuchen herauszufinden, welche
Art von Einfluss dieses Ereignis auf das Leben gehabt haben
könnte. Aber ich weiß nicht, ob wir das je wissen können«
(16 f.). Vermutlich nicht.

Vermutlich ist die Annahme klarer kausaler Zusammenhänge fast immer spekulativ, fast immer eine Vereinfachung
des eigentlich viel komplexeren Gewebes von Motiven
und Ursachen – und oft der Logik des Geschichtenerzäh-
lens geschuldet. Vielleicht ist es gut, sich klarzumachen, dass
bestimmte Wörter, Begriffe und Vorstellungen die Macht
besitzen, scheinbar alles zu erklären. Die Vorstellung, dass
es sexualisierte Gewalt, noch dazu innerhalb einer Familie, gegeben hat, gehört sicherlich dazu. Dann scheint alles
klar. Ich habe das auch selbst lange gedacht. Ich habe gedacht: Endlich verstehe ich dieses lebenslange, ständige Gerede, endlich verstehe ich, was die Phantome mir murmelnd
mitzuteilen versuchten: Ich wollte, ich durfte nicht wissen,
was damals geschehen ist, was mein Vater mir angetan hat.
Es wäre eine plausible Geschichte gewesen. Und sie ist vermutlich auch nicht falsch. Aber sie ist nur die halbe Wahrheit, sowie Eribons Geschichte einer Befreiung ja nicht zu
einer falschen wird, nur weil es ein weiteres wichtiges Motiv gibt.

Weil uns Lebensgeschichten meist wie dokumentarische
Berichte vorkommen, auf die wir nur auf der Detailebene
Einfluss nehmen können, übersehen wir, wie groß unser
Gestaltungsspielraum ist und wie sehr unsere Erzählung

davon abhängt, wie wir zum jeweiligen Zeitpunkt auf uns und unser Leben schauen. Wir entwerfen mit unseren Lebensgeschichten »Theorien des Wachstums oder zumindest der Transformation«, schreibt Jerome Bruner. Dabei, hat Bruner beobachtet, befolgen wir erstaunlich viele Regeln: Einerseits wollen wir uns als *gewöhnliche* (normale) Zeitgenossen präsentieren, deren Individualität andererseits durch *Außergewöhnlichkeit* garantiert wird. Bruner schreibt, dass eine Geschichte als ungewöhnlich gilt, »die den Erwartungen zuwider verläuft oder ein unerwartetes Ende nimmt« (15) – aber für diesen Verstoß gegen die Konventionen existieren wiederum Konventionen! Nicht *jede* unerwartete Wendung wird akzeptiert und auch nicht jedes Ende.

Das Problem, das ich bis heute mit dem Erzählen meiner zentralen Lebenserfahrungen habe, liegt weniger darin, dass es gegen die Konventionen verstößt, sondern dass es auf die *falsche Weise* gegen die Konventionen verstößt: Nicht die *Existenz* der sexuellen Übergriffe ist das Problem, sondern meine Weigerung, die ›Badezimmer‹-Szene zu *der* Schlüsselszene meiner Lebenserzählung zu machen. Mit meiner Hinwendung zum Schreiben verhält es sich ähnlich. Auch hier liegt das Problem nicht in der Tatsache, dass ich mich waghalsig und ›unkonventionell‹ für das Schreiben entschieden habe, sondern dass mir bis heute kaum jemand glaubt, wie wenig ›Talent‹ die Texte, die ich jahrelang schrieb, erkennen ließen, wie wenig Phantasie, Ideen oder Einfälle ich damals hatte. Dass aus mir dennoch eine ganz ordentliche Schriftstellerin geworden ist, die anderen mittlerweile mit Ideen und Phantasie aushelfen kann, das lässt sich nicht so recht erklären, wenn man an die alles überragende Rolle von Talent für das Schreiben glaubt – wie es die geltende gesellschaftliche Übereinkunft vorsieht.

Wenn uns das Leben unsere Lebensgeschichten nicht ›diktiert‹, wenn nicht die Ereignisse unseres Lebens ein für alle Mal festlegen, wie wir sie erzählen, dann bedeutet das auch, dass wir unsere Geschichten so erzählen können und müssen, wie es uns richtig erscheint. Es sind Geschichten! Es gibt nicht nur die eine (eigentlich richtige) Version, sondern wir können sie auf unendlich viele Arten erzählen, wir sind ihre Autor:innen!

Wir dürfen selbst entscheiden, was wir zum roten Faden unserer Erzählung machen wollen, wir dürfen auf kausale Verbindungen verzichten. Wir dürfen statt dem ›Lebensroman‹ Collagen oder Alphabete anfertigen. Es gibt so viele Möglichkeiten, über sich selbst Auskunft zu geben – jenseits ›klassischer‹ Lebensgeschichten.

Ich habe erwähnt, dass ich die Frau am Abgrund und all die anderen Bilder und erfundenen Geschichten eine Zeitlang aus diesem Text verbannen wollte – dabei, davon bin ich mittlerweile überzeugt, habe ich nur mit ihnen eine Chance, von dem zu erzählen, was ich erlebt habe – und vor allem, wie ich es erlebt habe. ›Meine Geschichten‹, dieser Doppelsinn gefällt mir schon lange, sind ja nicht nur die von mir erlebten, sondern ebenso die von mir erfundenen, und tatsächlich fühlt es sich für mich so an, als ob ich nur mit den erfundenen Geschichten und Bildern eine Chance habe, die Sprachlosigkeit zu überwinden, in der ich mich so lange befunden habe – anderen, aber ja auch mir selbst gegenüber.

Eine Zeitlang habe ich tatsächlich gedacht, dass es mir vermutlich reichen würde, wenn ich allein für mich all das verworrene Zeug, als das mir das autobiografische Material meines Lebens erschien, in eine plausible Form bringen könnte. Aber es reichte nicht. »Eine Erzählung, die als Zeugnis fungiert, erhebt den Anspruch, Gehör zu finden. Denn nur wenn der Überlebende weiß, dass ihm zugehört wird, kann er aufhören, sich selbst zuzuhören.« (Laub 2000b: 80)

Meine Geschichte schreibe ich selbst. Ich mag noch immer die Wiederaneignung, die Selbstermächtigung, die in diesem Titel anklingt. *Meine Geschichte schreibe ich selbst,* das bedeutet auch eine Autor:innenschaft über das Schreiben hinaus, das bedeutet, dass ich dem, was geschieht, nicht vollkommen ausgeliefert bin. Die Differenz, die zwischen dem Ertrinken und dem Bericht über das Ertrinken liegt, diese Differenz, die es unmöglich macht, im Erzählen das Erlebte als ein Identisches nachzuerzählen, diese Differenz, die immer existiert, ob wir es bedauern oder nicht, ist auch ein Quell der Freiheit, eröffnet uns immer einen Gestaltungsspielraum.

Kaum jemand kann das eindrucksvoller bestätigen als David Grossman, dessen Sohn Uri 2006 in den letzten Tagen des Libanonkrieges ums Leben kam. Ein Jahr später hielt David Grossmann eine Rede, in der er sagte:

»Die Schriftsteller, die hier im Saal sitzen, wissen es: Wenn wir schreiben, spüren wir die Welt in Bewegung, flexibel, voller Möglichkeiten. Sie ist gewiss nicht erstarrt. […] Ich entdecke, dass der bloße Akt des Schreibens über die Willkür mir Bewegungsfreiheit vor ihr verschafft. Dass ich allein durch die Auseinandersetzung mit der Willkür Freiheit erlange, die höchste, zu der man als Schriftsteller fähig ist: die Freiheit, die Tragik seiner Lage in eigene Worte zu kleiden, sich neu zu definieren, dem zu trotzen, was einen in beschränkte Definitionen zwängt.«

DARF ICH DAS? ODER
WEM GEHÖRT DIESE GESCHICHTE?

Meine Geschichte schreibe ich selbst ist eine schöne, ermutigende Aussage – aber was bedeutet sie für andere, die Teil ›meiner‹ Geschichte sind, die in ihr auch eine Rolle spielen? Was ist mit deren Rechten? Was ist, wenn sie es vorziehen, ›unerzählt‹ zu bleiben? Diese Frage hat mich beschäftigt, seit ich mit diesem Text beschäftigt bin – vor allem, was meine Geschwister betrifft. Bei den anderen Personen, von denen ich in diesem Text erzähle, stellte sich die Frage nicht oder sie war jedenfalls auf eine klare Weise kein ›Problem‹: Ulrike, meine Freundin, Lebensgefährtin, Ehefrau, hat vom ersten Moment an eine große Zustimmung und Unterstützung gegenüber diesem Projekt signalisiert und ist davon zu keinem Zeitpunkt abgewichen. Für Frau H. gilt Ähnliches: Sie war dem Text gegenüber stets sehr positiv eingestellt und schien vollkommen unbesorgt, was die Schilderung ihrer Person und unserer Zusammenarbeit betrifft. Vielleicht wusste sie auch, dass ich nur einen Text veröffentlichen würde, dem sie zustimmen kann. Meine Eltern waren wiederum aus ›umgekehrten‹ Gründen kein Problem: Ich hätte meinen Vater bzw. meine Eltern auch anzeigen können für das, was sie getan bzw. unterlassen haben – mit all den Konsequenzen an Öffentlichkeit, die das gehabt hätte. Ich habe den Gedanken im Zusammenhang mit der Verwendung der Briefe meines Vaters bereit erwähnt: Ich bin davon überzeugt, dass meine Eltern sich gefallen lassen müssen, alles nur Irgendmögliche zur Verbesserung der Situation beizutragen, die sie verursacht haben. Das ändert nichts daran, dass ich eine gewisse Erleichterung darüber verspüre, dass sie die Veröffentlichung nicht mehr erleben.

Aber was ist mit meinen Geschwistern? Ich habe mich das sehr, sehr oft gefragt. Ich konnte, als ich diesen Text zu schreiben begann, überhaupt nicht einschätzen, welche Haltung sie ihm gegenüber einnehmen würden. Würden sie ihn zähneknirschend hinnehmen, als eine weitere Zumutung, die diese Familie für sie bereithielt? Würde mich eine/r von ihnen bitten (vielleicht sogar entschieden dazu auffordern?), von einer Veröffentlichung abzusehen? Und dann? Was sollte ich dann machen? Sollte ich ihnen eine Art Veto-Recht einräumen gegenüber einzelnen Details, Passagen oder gar dem ganzen Projekt?

Aber lag nicht in der Bitte um eine solche »prüfende Lektüre« bereits eine Zumutung? Fast mein ganzes Leben lang hatte ich mich schützen müssen vor ›diesen Themen‹, ich hatte die wildesten Verrenkungen unternommen, ich hatte selbst mit Frau H. jahrelang kaum über meinen Vater geredet – und nun sollte ich meinen Geschwistern diesen Text vorlegen, auf dass sie ihn im Detail studierten, um dann im Anschluss eine Liste mit Änderungswünschen zu erstellen? Und selbst wenn sie sich dieser Mühe unterziehen würden – was wäre, wenn sie in sechs Monaten, in sechs Jahren anders darüber dächten als heute? Was dann?

Diese Fragen begleiteten mich über viele Jahre und es ist vermutlich kein Zufall, dass einigen der autobiografischen Texte, die mir viel bedeuten, ein ›Geschwisterthema‹ eingeschrieben ist. Das gilt auch für das Buch *Bergljots Familie* von Vigdis Hjorth, das ich bereits erwähnt habe. In diesem Roman erzählt die Autorin nicht nur von den sexuellen Übergriffen ihres Vaters, sondern ebenso nah entlang ihres realen Lebens von den Streitigkeiten zwischen den mittlerweile erwachsen gewordenen Geschwistern, die sich an Erbe und Testament des Vaters entzünden und in denen es zugleich um so viel mehr geht: um Anerkennung und Leugnung des erlittenen Unrechts, um die mangelnde Vorstellungsfähigkeit der beiden jüngeren und nicht unmittelbar betroffenen Schwestern, um den Wunsch nach Solidarität und Kommunikation und deren Scheitern, ja Unmöglichkeit. Von all dem erzählt *Bergljots Familie* eindringlich – und als bedürfe es noch eines weiteren Beweises für das Ausmaß der Konflikte, erzählt davon auch die ganz reale Geschichte, die sich nach der Veröffentlichung des Buches zwischen der Autorin Vigdis Hjorth und einer ihrer Schwestern zugetragen hat: Diese Schwester (eine Juristin) erwog zunächst, juristisch gegen die Veröffentlichung vorzugehen, entschied sich dann aber dagegen und verfasste stattdessen einen ›Gegenroman‹. Nur so, nur mit einer anderen *Geschichte* glaubte sie, die Aussagekraft des Textes angreifen zu können. Ein Gegenroman – was für eine Geschichte hinter der Geschichte!

Ich halte *Bergljots Familie* für das beste mir bekannte Buch über ›das Thema‹, vielleicht überhaupt darüber, was es bedeutet, unter den Bedingungen eines familiären Irrsinns aufzuwachsen, der sich erfolgreich mit bürgerlicher Normalität tarnt, und darüber, wie schwer es ist, sich aus den kaum überschaubaren familiären Verstrickungen zu befreien. Ich habe erwähnt, dass es das ›Monster-Kapitel‹ vermutlich nicht gäbe, wenn ich *Bergljots Familie* nicht gelesen hätte. Was für ein großartiges, wichtiges Buch! Aber spielt die Qualität überhaupt eine Rolle bei der Frage, was eine Autorin, ein Autor anderen zumuten darf? Sind Verletzungen der

Intimsphäre bloße Kollateralschäden, lässliche Übel, die der künstlerischen Entfaltung zumindest dann nicht im Weg stehen sollten, wenn für das Werk literarische Ansprüche oder politische Relevanz reklamiert werden können? Darf Vigdis Hjorth, was Lieschen Müller nicht darf?

Wie wenig unsere Geschichte uns ›gehört‹, wie wenig wir sie bestimmen können, davon erzählt Édouard Louis in *Im Herzen der Gewalt* auf eine sehr spezielle Weise: Der Ich-Erzähler hört in diesem Text vor allem zu – wie andere *seine* Geschichten erzählen. Das gilt vor allem für seine Schwester, die er dabei belauscht, wie sie ihrem Mann berichtet, was dem Bruder kurz zuvor widerfahren ist … Dieses indirekte Erzählen vermittelt einerseits, wie schnell sich das von uns Erlebte unserer Kontrolle entzieht – und wie sehr in diese anderen Erzählungen immer auch ein vorgängiges Wissen oder Bewertungen eingehen. Es ist nicht zufällig die Schwester, der wir zuhören, mit der den Ich-Erzähler eine sehr ambivalente Beziehung verbindet. Ein kompliziertes Geflecht aus Scham und Kränkungen prägt die Beziehung Édouard Louis' wie auch die Didier Eribons zu ihren Familien. Obwohl unterschiedlichen Generationen angehörend, sind beide offenen und verdeckten homophoben Anfeindungen und Ressentiments ausgesetzt – auch von ihren Geschwistern.

Ich schätze beide Texte sehr und habe mich, ein wenig bang, bei der Lektüre zugleich immer mal wieder gefragt, ob für die beiden Autoren, die ja in diesen Texten sehr offen über die Abgründe ihrer geschwisterlichen Beziehungen berichten, die Frage eine Rolle gespielt hat, was ihre Geschwister zu dem Text sagen werden, sagen würden, wenn sie ihn lesen, falls sie ihn läsen. Ich habe mich gefragt, ob das für Didier Eribon, für Édouard Louis eine Rolle gespielt hat. Und wenn nicht, warum nicht? Weil so selbstverständlich war, dass ihre Geschwister die Texte überhaupt nicht lesen würden? Weil es bei all den vorhandenen Differenzen auf die durch die Veröffentlichung entstehenden Probleme dann auch nicht mehr ankam? Es geht mir nicht um eine moralische Bewertung, die mir weder zusteht, noch mich interessiert. Ich würde einfach nur gerne wissen, welche Gedanken sich andere Autor:innen machen, die vor ähnlichen Fragen stehen. Aber vielleicht ähneln sich unsere Situationen nur scheinbar – denn ich habe kein vergleichbares Unrecht durch meine Geschwister erfahren.

Während ich an dem Text schrieb, während ich über andere Autor:innen und ihre Geschwister nachdachte, klärte sich manches. Das erste, was mir bewusst wurde: Ich konnte nichts unternehmen, solange der Text und sein Inhalt sich ständig veränderten, und so verhielt es sich ja über viele Jahre. Erst, wenn ich eine halbwegs ›fertige‹ Version zustande gebracht hätte, existierte überhaupt eine vernünftige Basis, um sich darüber – wie auch immer – auszutauschen. Und im weiteren Verlauf wurde mir dann auch klar, dass ich diesen Text in seiner Existenz nicht vom Wohl und Wehe anderer abhängig machen konnte. – »Good writers are monotonous, like good composers. They keep trying to perfect the one problem they were born to understand«. Natürlich weiß ich nicht, ob ich das bin, was Alberto Moravia, von dem dieses Zitat stammt, sich unter einer ›guten Autorin‹ vorgestellt hat, aber je länger ich an diesem Text schrieb, desto klarer empfand ich, dass die Überwindung der Sprachlosigkeit das eine Problem ist, das zu verstehen offenbar meine Lebensaufgabe ist. Ich konnte diesen Text nicht von der Zustimmung anderer abhängig machen, noch nicht einmal von der Zustimmung meiner Geschwister.

Hier stehe ich und kann nicht anders. So ist es manchmal im Leben. Aber das bedeutet auch, mit den Konsequenzen zu leben. Zu akzeptieren, dass andere mit dem gleichen Recht anderes wollen oder nicht lassen können. Für mich war es ein wichtiger Schritt zu verstehen, dass es in diesem Konflikt zwischen meinem Recht, meine Geschichte zu erzählen, und dem (potentiellen) Recht meiner Geschwister, ›unerzählt‹ zu bleiben, nicht auf jeden Fall eine ›gute Lösung‹, einen Kompromiss geben würde, wenn wir uns alle nur genug darum bemühten. Ich habe für möglich gehalten, dass dieser Text und seine Veröffentlichung zu Konflikten zwischen uns Geschwistern führen würde – aber ich wollte zugleich alles dafür tun, das mir möglich war, damit es nicht so käme. Schon während des Schreibens habe ich mich daher bemüht, meinen Geschwistern und ihrem Anspruch auf Diskretion so weit entgegenzukommen, wie nur möglich, und das bedeutete vor allem, sie so weit es nur möglich war ›rauszulassen‹. Sie sollten so wenig wie möglich in die Situation kommen, über Halbsätze nachdenken zu müssen. Sie würden nur da ›auftreten‹, wo es absolut unvermeidbar war. Ich würde auf Hintergründe, Details, Erläuterungen verzichten, die sie und ihr Leben betrafen. Sie würden Schemen bleiben. Auch das garantierte nicht ihr Einverständnis, ihre Zustimmung, aber es war das, was ich tun konnte.

»Es ist keine Frage nach dem ›darf ich das?‹ Es ist ein natürliches Gezwungen-Sein«, sagt die Autorin Sandra Hoffmann im Zusammenhang mit ihrem autobiografischen Roman *Paula,* dessen Entstehung sie eine »Zumutung« nennt für ihre Familie, und auch für sich selbst. Für mich selbst habe ich das Schreiben dieses Textes nur in ganz seltenen Momenten als Zumutung empfunden – und ich bin sehr erleichtert, dass er das offenbar auch für meine Geschwister nicht ist. Es liegt in der Logik der Entscheidung, sie so weit wie möglich ›rauszuhalten‹, dass ich auch nicht von ihren Reaktionen oder Rückmeldungen berichte, aber ich kann sagen, dass ich auch in dieser Hinsicht Glück gehabt habe. Ich bin sehr dankbar, dass meine Geschwister offenbar auf eine tiefe Weise erfasst haben, dass wir alle unseren eigenen Weg gehen müssen – und dass dieser Text ein entscheidender Teil meines Wegs ist.

Erst nachdem sie ihn dann tatsächlich gelesen hatten, kam ein anderer Gedanke, kam eine Hoffnung hinzu: Vielleicht wird es dieser Text auch meinen Geschwistern in Zukunft hier oder da leichter machen, Auskunft zu geben, Fragen zu beantworten. Vielleicht ist dieser Text Teil einer verschütteten Familienchronik. Eine Version. Eine Aussage. Eine Zeugenaussage, die es anderen ermöglicht oder leichter macht, von ihren Erfahrungen zu erzählen – so wie es bei Boris Cyrulnik der Fall war. Nach eigener Aussage konnte er seine Geschichte erst erzählen, nachdem sie von anderen bezeugt worden war. Nachdem er durch die Zeugenschaft der anderen sich seine Geschichte glauben konnte.

Ich habe in diesem Text versucht, verständlich zu machen, dass Menschen sich manchmal nicht vorstellen können, was sie selbst erlebt haben, und welche gravierenden Konsequenzen es hat, wenn man sich selbst auf eine derart tiefgehende Weise nicht traut, wenn man sich selbst zu einer ›unzuverlässigen Erzählerin‹ wird. Auch ich könnte das, was ich jetzt manchmal ›meine Geschichte‹ nenne, nicht erzählen, wenn es nicht andere gäbe, die sie bezeugten, insbesondere meine Geschwister. Aber ich habe nicht nur von ihrer, eher direkten, Zeugenschaft profitiert, sondern ebenso von den Berichten vieler anderer. Erst durch den Verweis, den Bezug auf sie, kann ich dem Vorwurf der Unglaubwürdigkeit, den ich so lange mir selbst gegenüber erhoben habe, begegnen.

Texte sind oft klüger als ihre Autor:innen. Manchmal dauert es Jahre, bis wir das in den Texten deponierte Wissen bergen können. So geschieht es der Ich-Erzählerin in Vigdis Hjorts *Bergljots Familie*. Auch ihre Texte wissen lange Zeit mehr als sie selbst, auch Bergljot ›weiß‹ bis ins Erwachsenenalter nichts (mehr) von den Übergriffen des Vaters, die sich ereigneten, als sie fünf Jahre alt war. Sie erinnert sich nicht daran. Dann erleidet sie als junge Frau mehrere rätselhafte Schmerzanfälle. Als diese sich häufen, versucht sie zu rekapitulieren, was ihnen jeweils vorausging, womit sie beschäftigt gewesen war. Sie liest die Sätze, die sie unmittelbar vor dem ersten Anfall geschrieben hatte, als sie an einem Theaterstück arbeitete: »Er berührte mich wie ein Arzt, er berührte mich wie ein Papa.« Auch hier ist in dem selbstverfassten Text ein Wissen deponiert, über das die Autorin reflektierend nicht verfügt. Nachdem sie gelesen hat, was sie selbst geschrieben und zugleich so wenig verstanden hatte, bricht die Erzählerin zusammen:

Und es brach über mich herein wie eine Lawine und traf mich wie ein Schlag, wie ein Ohnmachtsanfall. Ich begriff alles und alles ergab einen Sinn und war entsetzlich und unerträglich und ich glaubte, ich müsste sterben, aber dann starb ich nicht, dann ertrug ich es irgendwie, denn so weise ist der Mensch beschaffen, dass das Verdrängte, Entsetzliche, Unerträgliche in dem Moment auftaucht, in dem du dieser Begegnung gewachsen bist. (266)

Das wirklich Erstaunliche, das Verblüffende an dieser Geschichte ist, wie offen schon zu Tage liegt, was geschehen ist – und wie wenig ›lesbar‹ es zugleich für die betreffende Person ist. Wie das von van der Kolk erwähnte Familienbild mit dem übergroßen Penis bedarf es eigentlich keiner besonderen Kenntnisse, keiner tiefschürfenden Analysen oder Interpretationen, um die im Bild, im Text enthaltenen Informationen zu lesen. Die Hinweise liegen nicht versteckt hinter Anspielungen oder Symbolen, sondern ganz offen da. Sie sind da – und zugleich nicht da, nicht lesbar, nicht verständlich. Das finde ich bis heute am schwierigsten zu verstehen an ›meiner Geschichte‹ und ich empfinde eine große Dankbarkeit für alle, die mir mit ihren Berichten und ihrer Forschung, ihren Schilderungen und Bildern geholfen haben, eine Vorstellung davon zu entwickeln, wie das sein kann.

WIE GUT KANN DIESE GESCHICHTE ENDEN?

Ich kann mich jetzt konzentrieren. Ich kann an meinem Schreibtisch sitzen und an einem Text arbeiten und ab und zu sehe ich aus dem Fenster und denke über eine passende Formulierung nach. Vielleicht schweifen meine Gedanken einmal ab, vielleicht auch nicht. Wenn sie abschweifen, sehe ich ihnen noch eine Weile hinterher, aber dann, wenn ich meine Augen wieder auf die Buchstaben richte, dann bereitet es mir keinerlei Mühe, mich wieder zu konzentrieren. Ich kann stundenlang so sitzen und schreiben oder Dinge erledigen. Ich würde gerne Worte dafür finden, was für ein phantastisches Wunder das ist, was ich da erlebe! Seit mittlerweile einigen Jahren erlebe und dennoch jeden Tag genieße.

Ich kann auch wieder lesen. Lange Zeit konnte ich, wenn überhaupt, nur Krimis lesen – und selbst dabei schweiften meine Gedanken oft ab. Aber es war vollkommen ausgeschlossen, etwas anderes zu lesen. Nur wenn mich ein gewisser Grad an Spannung an die Lektüre band, gelangte ich in ein halbwegs flüssiges Leseerlebnis. Und jetzt kann ich wunderbare literarische Texte lesen, in denen nichts – oder oft jedenfalls wenig – ›passiert‹. Die nur lesen kann, wessen Inneres nicht ständig so laut dröhnt oder nach Geplapper verlangt, dass zarte Texte sofort auseinanderfallen.

Ich drehe auch nicht mehr durch, und das scheint mir fast ein noch größeres Wunder. Auch das gehört ja in die Liste meiner größeren Irrtümer, dass ich mich lange für einen geduldigen, ausgeglichenen Menschen gehalten habe. Der ich auch fast immer war, jedenfalls passierte es gar nicht oft, dass ich durchdrehte. So richtig oft und schlimm passierte es eigentlich erst in der Therapie. Bis dahin hatte ich (von mir selbst unbemerkt) eine gewisse Perfektion darin entwickelt, Situationen aus dem Weg zu gehen, in denen vielleicht die Gefahr bestanden hätte, durchzudrehen, und weil ich nicht so recht wusste, wann oder wo die Gefahr bestand, führte ich ein ziemlich zurückgezogenes Leben − das wäre noch eine weitere Variante, meine Entscheidung für das Schreiben zu erzählen. Es gehörte zu den mich wirklich erschrecken- den (und vollkommen überraschenden) Neuigkeiten über mich selbst, dass man mit mir leider über einiges nicht reden konnte. Nicht wie mit einem vernünftigen Menschen. Als ich das realisierte, habe ich es gehasst. Das war das Letzte, was ich wollte. Aber es war so. Es ist nicht mehr so. Man kann jetzt mit mir reden wie mit einem vernünftigen Menschen. Ich drehe innerlich nicht mehr durch. Es ist großartig.

Ich vermute, manche Menschen, denen ich das erzähle, denken, dass es mir jetzt (etwas) besser möglich ist, mich zu konzentrieren, zu denken, zu schreiben, und dass ich etwas weniger ›durchdrehe‹. Aber so ist es nicht. Es geht nicht um mehr oder weniger. Es geht ums Ganze. Ich habe erst, als ich mich immer wieder in diesem Text verlaufen hatte, begriffen, dass all die Löcher in meinem Denken, dass das Gefühl einer vollkommen erdrückenden Kompliziertheit, wenn ich an mich oder meine Vergangenheit nur dachte, wenn ich mich bemühte, mir selbst oder jemand anderem Auskunft zu ge- ben, dass all das nicht ›nur‹ mit fehlenden Erinnerungen und falschen Vorstellungen zu tun hatte. Es ist so schwer, dafür Worte oder Bilder zu finden, aber es kommt mir wirklich so vor, als ob ich bis vor wenigen Jahren mein normales Denkvermögen zu großen Teilen eingebüßt hätte, sobald ich mich meinem Inneren auch nur näherte.

Ich kenne mittlerweile ziemlich viele Menschen, die so ähnlich über sich und über ihr Leben denken, wie ich die meiste Zeit über mich und mein Leben gedacht habe, nämlich: dass sie selbst schuld sind. Woran auch immer. Daran, dass sie nicht so belastbar sind wie andere, dass es ihnen nicht gelingt, einem ›normalen‹ Beruf nachzugehen oder in einer halbwegs normalen Beziehung oder Partnerschaft zu leben. Dass sie unausgeglichen sind oder launisch oder zu empfindlich. Dass sie immer alles Mögliche anfangen und nicht beenden können. Nein, ›können‹ würden sie vermutlich nicht sagen. Ich habe auch nicht gesagt, dass ich mich nicht konzentrieren kann, ich habe das den größten Teil meines Lebens noch nicht einmal gedacht. Ich habe gedacht, dass ich zu faul bin oder dass es mir an Disziplin fehlt, an Durchhaltevermögen. Und jetzt bin ich noch immer dieselbe Person und kann denken und mich konzentrieren und habe beim Schreiben der *Wiederholten Verdächtigungen* oder auch beim Schreiben dieses Textes mehr Ausdauer bewiesen als die meisten Menschen, die ich kenne, vermutlich je für irgendetwas aufgebracht haben.

Ich rede noch immer mit mir selbst. Meistens still im Kopf, manchmal auch laut. Aber es ist jetzt eher die Ausnahme als die Regel, es ist kein Zwang mehr und es gibt auch nicht mehr diese stumpfsinnigen Wort- oder Satzwiederholungen. Ich habe auch keine Angst mehr, dass ich in Situationen geraten könnte, in denen ich vollkommen verrückt würde, wenn ich zum Beispiel allein und eingeschlossen in einer Kloster- oder Gefängniszelle säße – jedenfalls solange ich schreiben könnte.

Ich entschuldige mich auch nicht mehr ständig. Also jeden-falls im Vergleich zu früher. Wie oft habe ich mich entschul-digt? Bei wie vielen Menschen? Für alles Mögliche. Für den kleinsten Quatsch. Es war wie ein Reflex. Nein, nicht wie – es war ein Reflex. Und manchmal, wenn es ganz besonders schlimm war, so wie bei Frau. H., fiel es mir schwer, mich nicht auch noch dafür zu entschuldigen, dass ich mich so oft entschuldigte, oder nein, es fiel mir schwer, mich nicht *stän-dig* dafür zu entschuldigen, dass ich mich ständig entschul-digte. Manchmal habe ich mir sehr bewusst vorgenommen: Heute entschuldigst du dich mal nicht. Ach Unsinn – heute! In der nächsten Stunde. Oder ich habe mir vorgenommen, mich bei einer Lesung auf keinen Fall zu entschuldigen – zum Beispiel für die durch die Lesung gestohlene Lebenszeit. Die Vorstellung, dass ich anderen mit dem, was ich tat, was ich erzählte, was ich schrieb, kostbare Lebenszeit stahl, hat mich lange verfolgt. Deswegen habe ich beim Erzählen nie tief Atem geholt, ich habe nichts ausgeschmückt und alles weggelassen, was sich irgendwie weglassen ließ. Ich finde es bis heute (gerade auch für Autor:innen) keine schlechte Idee, respektvoll mit der Zeit anderer umzugehen – aber ich habe es wirklich übertrieben.

Ich habe mit vielem Glück gehabt, ich bin in mancherlei Hinsicht sehr privilegiert: weil der Zugang zu Psychothera-pie und dem in Büchern enthaltenen Wissen sehr ungleich verteilt ist, weil es mir möglich war, erhebliche Teile der Therapie selbst zu finanzieren, weil vieles schwieriger wäre, wenn mich meine Not zu einem aggressiven oder ärgerlichen Menschen gemacht hätte und nicht zu der eher freundlichen Person, die ich meistens bin. Aber vor allem habe ich das Glück gehabt, dass mir immer wieder Menschen begegnet sind, denen nicht egal war, was mit mir geschieht – allen voran mein Bruder Gregor.

Während ich an diesem letzten Kapitel schreibe, während ich darüber nachdenke, was gut geworden ist in meinem Leben und was nicht, bekomme ich eine E-Mail von ihm. Er sei zufällig auf eine Notiz gestoßen, die mich vielleicht interessiere, schreibt er. Es gehe darin um unsere Mutter und eine Begebenheit, die er zwischenzeitlich vergessen habe:

Papa war betrunken, spielte mit deinem Handgelenk herum, was du nicht wolltest. Ich sagte, er würde dir weh tun, er machte ein paar spöttische Bemerkungen über mich. Daraufhin sagte ich: Mama, du hast mir etwas versprochen. Mama sagte: Ja, und daran halte ich mich jetzt auch! Sie nahm dich aus dem Stuhl auf ihren Schoß. Papa rastete aus, sprang auf, riss an der Tischdecke. Sachen fielen herunter und er schrie: Ich bin hier der Herr im Haus, es wird gemacht, was ich sage … Da war sie mal mutig.

Auf meine Nachfrage hin schreibt er mir, wie es weiterging: Eine Nachbarin, die über uns wohnte, hörte das Gepolter, hörte Schreierei und klingelte. Mein Bruder schreibt:

Sie bestand darauf, reinkommen zu dürfen, sonst würde sie die Polizei rufen. Mama hatte Papa nach hinten geschickt, aber die Nachbarin sah das Chaos, was alles auf dem Boden lag. Mama wiegelte ab, aber ich erzählte der Nachbarin, was vorgefallen war, und sie nahm mich daraufhin für die Nacht mit nach oben. Dort erzählte ich ihr dann noch mehr. Leider zog sie mit ihren Söhnen kurz darauf nach Frankfurt. Sie versprach mir, jeden Donnerstag zu einer bestimmten Zeit anzurufen und mich zu fragen, ob alles in Ordnung sei. Ich wüsste dann, dass sie es ist, und sollte selbst rangehen. Aber schon beim ersten Mal bekamen (ich weiß nicht mehr: Mama oder Papa oder beide?) das mit und unterbanden es. Aber es ist einfach wichtig

zu wissen (für mich): solche Menschen wie Frau M. und Herr B.
(mein Lehrer) hat es auch in meinem Leben gegeben.

Auch für mich ist es enorm wichtig zu wissen, dass es Menschen wie meinen Bruder, aber auch wie diese couragierte Nachbarin gegeben hat! Es fehlte womöglich gar nicht so viel, dass die ›wahren Verhältnisse‹ aufgeflogen, entdeckt worden wären. Beendet. Denn genau das fehlt ja zum ›richtig guten Ende‹, das an dieser Stelle vielleicht noch möglich gewesen wäre – dass den Übergriffen durch meinen Vater ein Ende gemacht worden wäre, dass meine Mutter oder wer auch immer dafür gesorgt hätte, dass in den folgenden Jahren nicht meine Schwester den sexuellen Übergriffen meines Vaters ausgesetzt gewesen wäre.

Ich bin überzeugt, dass das relativ gute, das (angesichts der Umstände) bestmögliche Ende meiner Geschichte nur möglich war, weil mein Bruder so unglaublich mutig ganz vieles versucht hat, um meine Not zu beenden. Ich bin überzeugt, dass sein Handeln ganz konkrete positive Konsequenzen für mich hatte, auch wenn er die Übergriffe meines Vaters nicht beenden konnte: Aber selbst durch seine scheiternden Versuche stellte er der Verlorenheit, der Verlassenheit, in der ich mich befand, ein Zeichen der Verbundenheit, der Solidarität entgegen. Jahrzehnte später hat er mich dann nochmals auf ganz entscheidende Weise unterstützt – durch die Erinnerungen, die er mir zur Verfügung gestellt hat und die so wichtig dafür waren, dass ich endlich eine realistische Vorstellung davon entwickeln konnte, was sich damals ereignet hat.

Vielleicht macht dieser Teil meiner Geschichte auch denen Mut, die damit hadern, dass ihr Verhalten, ihr Nachfragen, ihr ›Klingeln‹ womöglich nicht ausreicht, dass es die schlimmen Verhältnisse nicht ändert. Aber es ändert so viel,

wenn wir wissen, dass wir nicht vollkommen allein sind –
auch wenn es die Lage nicht sichtbar zu wenden vermag. Ich
habe die Erkenntnis aus der Traumaforschung erwähnt, dass
von Menschen zugefügtes Unheil schwerer zu verkraften
ist als Naturkatastrophen, weil es unser Vertrauen in andere
Menschen zu zerstören vermag. Ich bin fest davon überzeugt,
dass das relativ gute Ende, das meine Geschichte genommen hat, nur möglich war, weil in einem Teil meines Selbst
(wenn auch auf kleiner Flamme) die Zuversicht überlebt hat,
dass es eine Entwicklung, eine Veränderung zum Guten auch
für mich geben könnte, weil ich durch das Verhalten meines
Bruders den Glauben an so etwas wie ›das Gute‹ überhaupt
habe bewahren können.

Wie gut kann diese Geschichte enden? Ist ein gutes Ende
überhaupt möglich? Auch davon war in diesem Text bereits
öfter die Rede: Sobald es zu sexuellem Missbrauch oder zu
einer Vergewaltigung kommt, scheint ›die eine Szene‹ das
Ende festzulegen – und diese Festlegung tut manchen Menschen erneut Gewalt an. Wie schwer, wie aussichtslos es oft
ist, gegen dieses enorm machtvolle Narrativ anzuerzählen,
davon (unter anderem) erzählen viele der Frauen, die Beate
Kriechel für ihr Buch *Für immer traumatisiert?* interviewt hat.

Das ›gute Ende‹ – in welchen Geschichten halten wir es
für glaubwürdig? Es ist schon einige Jahre her, da erlebte ich
in einer meiner Werkstätten Folgendes: Nachdem ein Teil-
nehmer einen autobiografischen Text vorgelesen hatte, regte
sich Widerspruch gegenüber dem ›guten Ende‹, das die Episode, die von einem bedrückend heftigen Fall jugendlichen
Mobbings handelte, gefunden hatte. Irgendwie erschien es
den meisten Anwesenden (und ich muss gestehen: auch mir
selbst) nicht ganz richtig, dass am Ende die ›Übeltäter‹ und

der Protagonist, ohne dass es zu einer Entschuldigung, ohne dass es zu einer Anerkennung des begangenen Unrechts gekommen wäre, zur Tagesordnung übergingen – und dass uns das als gutes Ende präsentiert worden war, mit dem im Text alle einverstanden waren. Zugleich versuchte ich der erstaunlich vehementen Kritik entgegenzutreten: Hatten wir nicht zu akzeptieren, dass die Geschehnisse sich genau so zugetragen hatten? Ein Unbehagen blieb – bei allen Beteiligten. Monate später kamen wir erneut auf die Episode zu sprechen. Noch immer kam es mir ein bisschen absurd vor, dass wir über diese Geschichte geredet hatten, als sei sie eine Erfindung, als könne der Autor und Protagonist ihr nach Belieben ein anderes Ende geben. Zum ersten Mal wurde mir damals klar, wie sehr wir uns auch bei autobiografischen Geschichten so etwas wie poetische Gerechtigkeit wünschen und mit Verdruss reagieren, wenn die Übeltäter einfach davonkommen, wenn die moralische Ordnung nicht wiederhergestellt wird. Auch der Autor des Textes hatte über unsere Reaktion nachgedacht. Auch er hatte sich gefragt, was da nicht stimmte. War er womöglich damals so erleichtert gewesen über das Ende der Schikanen, dass er für sich als gutes Ende interpretierte, was es so eindeutig vielleicht doch nicht gewesen war?

So sehr wir uns das ›gute Ende‹ für bestimmte Geschichten erhoffen, so verdächtig ist es uns bei anderen. Müssen literarisch ›gute‹ Texte nicht sogar eigentlich immer schlecht enden? In seinem Vortrag *Dramaturgie einer Himmelsnacht: Die Liebe in der Literatur und das Ärgernis des Happy-Ends* verhandelt der Schweizer Literaturwissenschaftler Peter von Matt die Frage: »Unter welchen Umständen ist der glückliche Ausgang in der Literatur gerechtfertigt?« Seine Antwort: »Je gefährlicher die Krise war, die mit dem Moment des guten Ausgangs überwunden wird, umso legitimer ist das fröhliche Ende.« (151) Mir gefällt die Vorstellung, dass Literatur wesentlich von Krisen erzählt und es daher neben den Erzählungen vom Scheitern, von Unglück und Tod auch solche geben sollte (und immer gegeben hat), in denen laut von Matt »die Glocken läuten, wenn einer, der Schiffbruch erlitten hat und am Ersaufen war und sich gewehrt hat und durchgehalten hat, schließlich an Land kriecht, und da sitzt er nun und leckt seine Schrammen und die liebe Sonne trocknet ihn« (150). Und ganz ähnlich fühle ich mich ja gerade, auch das ist ein Bild, das mich seit Langem begleitet: die Vorstellung, dass ich den größten Teil meines Lebens darum gekämpft habe, den Kopf über Wasser zu halten, dass ich dann irgendwann endlich festen Boden unter den Füßen hatte – und nach einer Weile der Erleichterung feststellen musste, dass das ›normale‹, zumindest das ›gute Leben‹ nicht im Spülsaum stattfindet, den ich mit letzten Kräften erreicht hatte, sondern an einem davon nochmals weit entfernten Ort. Habe ich mittlerweile diesen Ort, der mir noch vor einigen Jahren unerreichbar weit entfernt schien, erreicht?

Ich denke ja – auch, wenn manches noch immer nicht gut ist. Schwierig bleibt. Für mich und vor allem für manche Menschen aus meiner Familie. Die weniger Glück hatten als ich oder die weniger Unterstützung gefunden haben auf ihrem Weg. Ich werde zu dem, was das Leben meiner Geschwister und ihrer Familien belastet, nichts schreiben – aber es ist in jedem Fall zu viel, als dass ich von einem ›guten Ende‹ für uns alle reden könnte.

Aber ist das, wovon ich erzählt habe, (am Ende) nicht auch für irgendetwas gut gewesen? Bin ich denn nicht froh, dass ich diese hanebüchene Flucht in die Schriftstellerei unternommen habe? Doch, ich bin sehr froh darüber. Dennoch macht mir der Satz von dem Guten, das sich an jedem Geschehen entdecken lässt (wenn man nur aufmerksam genug sucht, wenn man es nur zu finden weiß), schlechte Laune, weil er einen ›guten Sinn‹ auch da behauptet, wo er beim besten Willen nicht zu finden ist. Die Straßen sind voller Obdachloser, die Psychiatrien voller Patient:innen, die Friedhöfe voller Toter. Es gibt so viele Menschen, die gefoltert, ermordet, vergewaltigt werden. Die fliehen oder um ihr Leben bangen müssen. Für wen oder was soll das gut sein? Es gibt Ereignisse, deren verheerende Folgen man nicht erfasst, ja, die man leugnet, wenn man die ›gute Seite‹ dagegen verrechnet und so tut, als könne, als müsse man sie dem Verursacher irgendwie auch zu Gute halten. Muss man nicht. Ich habe viel, unglaublich viel gelernt, lernen müssen, um mein Schiff über den Berg ziehen zu können – und dieses Wissen, diese Kompetenzen verschwinden natürlich nicht, nur weil das Schiff jetzt auf der anderen Seite des Berges liegt. Ich verfüge über sie. Aber sie machen das Geschehen nicht zu etwas, das ›gut‹ war, auch nicht ›gut für irgendetwas‹.

Das Schiff … Die Metapher vom Schiff, das über den Berg gezogen werden muss, begleitet mich nun seit vielen Jahren und dabei hat sich ihre Bedeutung für mich immer wieder verändert. Zunächst entfernte sie sich von der ursprünglichen Vorlage, hatte kaum noch etwas mit dem Film *Fitzcarraldo*, mit Kinski, mit seinem Irrsinn zu tun. Vielleicht wäre es ein schöner Titel für diesen Text, dachte ich sogar eine Zeitlang. Und dann (auch das ist jetzt schon wieder Jahre her) las ich von den Vorwürfen, dass Klaus Kinski seine Töchter sexuell missbraucht habe, und nochmals später, dass er selbst womöglich von seiner Mutter missbraucht worden war – und die schöne Metapher war mir für Jahre verleidet. Kontaminiert. Das war mir alles zu verdreht, zu verrückt. Aber ich wurde das Bild nicht los, zumal ich das Schiff, das ich vor meinem geistigen Auge so oft kurz vor Erreichen des Gipfels hatte Richtung Tal rasen sehen, nun immer öfter jenseits des Gipfels, auf der anderen Seite des Berges sah. Und jetzt finde ich, dass dieses Bild, gerade mit all seinen verborgenen Hintergründen und Verbindungen, ideal zu diesem Text, zu meinem Leben passt, jetzt sehe ich das Schiff, da ich an diesem letzten Kapitel schreibe, nicht nur auf der anderen Seite des Berges, sondern ich sehe es auf dem Fluss. Vom Ufer aus, an dem ich mich befinde, sehe ich es ablegen, kann ich es ziehen lassen …

Der letzte Text, den Pierre Bourdieu veröffentlichte, bevor er 2002 starb, war eine kleine autobiografische Schrift: *Ein soziologischer Selbstversuch*. Das ist insofern bemerkenswert, als dem französischen Soziologen die Autobiografie Zeit seines Lebens ja verdächtig (oder vielleicht auch eher banal) erschien. Dieser autobiografische Ausflug, den Bourdieu also dennoch unternahm, endet so:

> *Und nichts würde mich glücklicher machen, als wenn es mir hier gelungen wäre, daß einige meiner Leser oder Leserinnen ihre eigenen Erfahrungen, ihre Schwierigkeiten, ihre Fragen, ihre Leiden in meinen wiedererkennen können und daß diese wirklichkeitsnahe Identifikation […] eine Hilfe sein könnte, um das, was sie tun und leben, ein wenig besser zu tun und zu leben.* (127)

Ich mag dieses Zitat sehr und ich mag auch die kleine Schrift (im Unterschied zu Eribon, der sie viel zu wenig soziologisch findet und kein gutes Haar an ihr lässt, der langen

Freundschaft und Zusammenarbeit mit Bourdieu zum Trotz).
Ich mag diese Geschichte eines Impulses hin zum Autobiografischen vielleicht auch deswegen, weil sie davon erzählt, was hier ständig Thema war: wie wichtig, wie zentral es ist, dass wir Auskunft über uns geben können. Denn die Geschichten, die wir über uns erzählen, sind ja nicht nur das Leben reflektierende abstrakte Gebilde, sondern sie sind ihrerseits ein ganz wesentlicher Bestandteil unseres Lebens. Sie geben nicht nur Auskunft über unsere Vergangenheit, sondern sie beeinflussen auch unsere Gegenwart und Zukunft. Wie wir von uns erzählen, kann darüber entscheiden, was wir uns zutrauen, welche Entwicklungen wir für möglich halten, welche Zumutungen wir uns berechtigt fühlen, zurückzuweisen.

Als ich vor zehn Jahren diesen Text zu schreiben begann, war ich noch immer erfüllt von dem Gedanken, dass das, was ich erlebt hatte, unmöglich der Fall sein konnte. Dass die Eltern, an die ich mich erinnerte, und diejenigen, von denen ich mittlerweile wusste, dass es sie gegeben hatte, nicht dieselben sein konnten. Ich hatte das Gefühl, dass die Szene, in der meine Brüder und ich uns voller Ahnungslosigkeit fragen, ob unsere Schwester womöglich von sexuellen Übergriffen betroffen gewesen sein könne, und die Szene, in der mich mein Vater schreiend vor den Augen der Familie ins Badezimmer bringt und meine Mutter sagt: »Er wird ihr schon nichts tun«, nicht in ein- und derselben Familiengeschichte unterzubringen waren. Als ich vor zehn Jahren diesen Text zu schreiben begann, wusste ich noch nicht einmal, wie groß meine Sprach- und Ratlosigkeit noch immer war, und die einzige Aussage, die mir wirklich belastbar schien, war der Satz, den ich Christoph in den Mund gelegt hatte: Mein Leben war nicht, wie es war. Mit diesem, mit ›meinem

Satz‹ fing dieser Text lange an. 202 Seiten, 52.172 Wörter liegen nun zwischen der ersten Seite und dem Punkt, an dem
ich mich jetzt befinde. 286.119 Buchstaben, um fünf von ihnen loszuwerden, um ein einziges, kleines ›nicht‹ streichen
zu können, um schreiben zu können: Mein Leben war, wie
es war.

LITERATUR

Alison Bechdel: *Wer ist hier die Mutter?*, Köln 2014.

Anonyma: *Das Inzest-Tagebuch,* Stuttgart 2017.

Pierre Bourdieu: »Die biographische Illusion«, in: *BIOS* 1 (1990), S. 75–81.

Pierre Bourdieu: *Ein soziologischer Selbstversuch,* Frankfurt a.M. 2002.

Lily Brett: *Zu viele Männer,* Frankfurt a.M. 2002.

Jens Brockmeier: »Erinnerung, Identität und autobiographischer Prozeß«, in: *Journal für Psychologie* 7.1 (1999), S. 22–42.

Klaus-Jürgen Bruder: »Der gute Vater. Das Selbstbild des Mißbrauchers«, in: Klaus-Jürgen Bruder/Sigrid Richter-Unger: *Monster oder liebe Eltern? Sexueller Mißbrauch in der Familie,* Göttingen 1997, S. 111–130.

Jerome S. Bruner: »Self-Making and World-Making. Wie das Selbst und seine Welt autobiografisch hergestellt werden«, in: *Journal für Psychologie* 7.1 (1999), S. 11–21.

Cathy Caruth: »Trauma als historische Erfahrung: Die Vergangenheit einholen«, in: Ulrich Baer (Hg.): ›*Niemand zeugt für den Zeugen‹. Erinnerungskultur nach der Shoah,* Frankfurt a.M. 2000

Boris Cyrulnik: *Im Bann des Schweigens – Wenn Scham die Seele vergiftet,* Hünfelden 2011.

Boris Cyrulnik: *Rette dich, das Leben ruft!,* Berlin 2014.

Stephanie J. Dallam: »Crisis or Creation? A systematic examination of false memory claims«, in: *Journal of Child Sexual Abuse* 9.3/4 (2002), S. 9–36.

Virginie Despontes: *King Kong Theorie,* Köln 2018.

Irene Dieckmann/Julius H. Schoeps (Hg.): *Das Wilkomirski-Syndrom. Eingebildete Erinnerungen oder Von der Sehnsucht, Opfer zu sein,* Zürich 2002.

Barry L. Duncan u.a.: »*Aussichtslose Fälle«: Die wirksame Behandlung von Psychotherapie-Veteranen,* Stuttgart 1998.

Ariane Ehinger: »Das Gespenst. Wie erlebt das Kind den Mißbrauch, den Vater und die Mutter?«, in: Klaus-Jürgen Bruder/Sigrid Richter-Unger: *Monster oder liebe Eltern? Sexueller Mißbrauch in der Familie,* Berlin 1993, S. 41–73.

Thordis Elva/Tom Stranger: *Ich will dir in die Augen sehen,* München 2015.

Carolin Emcke: *Weil es sagbar ist. Über Zeugenschaft und Gerechtigkeit,* Frankfurt a.M. 2015.

Carolin Emcke: *Ja heißt Ja und …,* Frankfurt a.M. 2019.

Didier Eribon: *Rückkehr nach Reims,* Berlin 2016.

Svenja Flaßpöhler: *Die potente Frau,* Berlin 2018.

Jonathan Franzen: »Über autobiographische Literatur«, in: *Weiter weg. Essays,* Reinbek 2013.

Mark Freeman: »›Nachträglichkeit‹, traumatisch und nicht-traumatisch: Erinnerung, Erzählung und das Mysterium der Ursprünge«, in: Carl Eduard Scheidt u.a. (Hg.): *Narrative Bewältigung von Trauma und Verlust,* Stuttgart 2015.

Jennifer Freyd: *Betrayal Trauma: The Logic of Forgetting Childhood Abuse,* Cambridge (Mass.) 1998.

Fritz Gesing: *Kreativ Schreiben,* Köln ⁴2000.

David Grossman: *Die Welt wird täglicher enger,* in: DIE ZEIT (3. 5. 2007).

Arno Gruen: *Der Fremde in uns: Persönliche und Politische Konsequenzen.* Vortrag im Rahmen der 59. Lindauer Psychotherapiewochen 2009; https://www.lptw.de/archiv/vortrag/2009/gruen-arno-der-fremde-in-uns-persoenliche-und-politische-konsequenzen-lindauer-psychotherapiewochen2009.pdf (abgerufen am 30. 4. 2024).

Onno van der Hart/Ellert R. S. Nijenhuis/Kathy Steele: *Das Verfolgte Selbst. Strukturelle Dissoziation und die Behandlung chronischer Traumatisierung,* Paderborn 2008.

Katie Heaney: *The Controversy Behind the False Memory Syndrome Foundation;* https://www.thecut.com/article/false-memory-syndrome-controversy.html (abgerufen am 30.4.2024).

Judith Herman: *Die Narben der Gewalt. Traumatische Erfahrungen verstehen und überwinden,* Paderborn 2003.

Vigdis Hjorth: *Bergljots Familie,* Hamburg 2017.

Sandra Hoffmann: *Paula,* Berlin 2017.

Monique Honegger: »Funktionen von Scham im Schreibprozess«, in: *Schreiben und Scham. Wenn ein Affekt zur Sprache kommt,* Gießen 2015, S. 13–28.

Siri Hustvedt: *Damals,* Reinbek 2020.

Heidi Kastner: *Täter Väter. Väter als Täter am eigenen Kind,* Wien 2009.

Bessel van der Kolk: *Verkörperter Schrecken. Traumaspuren in Gehirn, Geist und Körper und wie man sie heilen kann,* Lichtenau 2015.

Beate Kriechel: *Für immer traumatisiert? Leben nach sexuellem Missbrauch in der Kindheit,* Frankfurt a.M. 2019.

Dori Laub: »Eros oder Thanatos? Der Kampf um die Erzählbarkeit des Traumas«, in: *PSYCHE* 54.9/10 (2000a), S. 860–894.

Dori Laub: »Zeugnis ablegen oder die Schwierigkeiten des Zuhörens«, in: Ulrich Baer (Hg.): *Niemand zeugt für den Zeugen. Erinnerungskultur nach der Shoah,* Frankfurt a.M. 2000b.

Peter Levine: *Trauma-Heilung,* Essen 1998.

Édouard Louis: *Im Herzen der Gewalt,* Frankfurt a.M. 2017.

Winja Lutz: »Wie echt sind falsche Erinnerungen?«, in: Ralf Vogt (Hg.): *Das traumatisierte Gedächtnis – Schutz und Widerstand,* Berlin 2018.

Stefan Mächler: *Der Fall Wilkomirski. Über die Wahrheit einer Biographie,* Zürich 2000.

Kate Manne: *Down Girl. Die Logik der Misogynie,* Berlin 2017.

Eva-Maria Manz: »Brutale Pornobeschreibungen ohne Substanz«, in: *Stuttgarter Zeitung* (27.8.2017; https://www.stuttgarter-zeitung.de/ inhalt.skandalroman-inzest-tagebuch-pornografisches-popcorn-fuer-voyeure.7b07cc69-5cf9-4d3c-98c3-f2a8dc9f19ea.html).

Peter von Matt: »Dramaturgie einer Himmelsnacht: Die Liebe in der Literatur und das Ärgernis des Happy-Ends«, in: *Familiendynamik* 24.4 (1999), S. 369–381.

Herta Müller: *Der König verneigt sich und tötet,* München 2003.

Otfried Preußler: *Die Abenteuer des starken Wanja,* Hamburg 1983.

Jan Philipp Reemtsma: »›Trauma‹ – Aspekte der ambivalenten Karriere eines Konzepts«, in: *Sozialpsychiatrische Informationen* 2 (2003), S. 37–43.

Jan Philipp Reemtsma: »Gewaltopfer – kann man Abstinenz von der Öffentlichkeit fordern?«, in: *Mittelweg* 36.4 2008, S. 30–44.

Jan Philipp Reemtsma: »Ich bin sehr für Rache, sie darf nur nicht sein«, Interview in: *DIE ZEIT* (7.6.2016).

Rainer Rehberger: *Verlassenheitspanik und Trennungsangst,* Stuttgart 2000.

Jutta Reichelt: *Es wäre schön. Vier Erzählungen*, Bremen 2014.

Jutta Reichelt: *Wiederholte Verdächtigungen*, Tübingen 2015.

Jutta Reichelt: »Die Schuld der Kinder«, erscheint in: *KRACHKULTUR 24* (2025; Heft »Familie«).

Ronald Reng: *Robert Enke. Ein allzu kurzes Leben,* München 2010.

Franz Ruppert: *Seelische Spaltung und innere Heilung. Traumatische Erfahrungen integrieren*, Stuttgart 2007.

Mithu M. Sanyal: *Vergewaltigung,* Hamburg 2016.

Daniel Schreiber: *Nüchtern,* Berlin 2016.

Julia Shaw: *Das trügerische Gedächtnis,* München 2018.

Werner Stangl: »Das Vergessen – Einige Forschungsergebnisse zum Erinnern und zum ›False-Memory-Syndrome‹«, in: https://arbeitsblaetter.stangl-taller.at/GEDAECHTNIS/VergessenForschung.shtml (abgerufen 7.2.2023).

Margarete Stokowski: *Untenrum frei,* Hamburg 2016.

Ralf Vogt: »Einführung«, in: ders. (Hg.): *Das traumatisierte Gedächtnis – Schutz und Widerstand,* München 2018.

Bettina Wilpert: *Nichts, das uns passiert,* Berlin 2018.

Irvin D. Yalom: *Existentielle Psychotherapie,* Bergisch Gladbach 2005.

»das Leseerlebnis, das das Buch … innerhalb kurzer Zeit
zum Publikumserfolg machte: der Sog«

DIE ZEIT

EINES DER
MEISTGEKAUFTEN
BÜCHER
DÄNEMARKS

Glenn Bech
Ich erkenne eure Autorität nicht
länger an. Manifest
Entdeckt und übersetzt
von Andrea Paluch
340 Seiten, Klappbroschur
ISBN 978-3-520-62701-8

Glenn Bech, Jahrgang 1991, praktizierender Psychologe, »Provinzschwuler«, Unterschichtkind, Mobbingopfer, hat seine Liebe und seinen Schmerz, seine Verzweiflung und seine Wut, sein Leben in Sprache übersetzt, poetisch und vollkommen *down to earth*, hoch emotional und gleichzeitig fein nuanciert, witzig und so direkt wie noch kaum jemand vor ihm.

»Sein Manifest ist ein Rettungsanker für alle, die sich unterdrückt
und allein fühlen.«   POLITIKEN